岁月深处的斑驳记忆

怀旧卷

《读者·原创版》编辑部◎主编

敦煌文艺出版社

图书在版编目（CIP）数据

岁月深处的斑驳记忆 /《读者·原创版》编辑部主编. -- 兰州：敦煌文艺出版社，2017.4
ISBN 978-7-5468-1252-6

Ⅰ. ①岁… Ⅱ. ①读… Ⅲ. ①文摘－世界 Ⅳ. ①Z89

中国版本图书馆CIP数据核字（2017）第074020号

岁月深处的斑驳记忆

《读者·原创版》编辑部　主编

出 版 人：王永生
责任编辑：余　琰
选题策划：南蓓蓓　潘玉婷
特约编辑：刘连生
装帧设计：壹诺设计

敦煌文艺出版社出版、发行
本社地址：（730030）兰州市城关区读者大道568号
本社邮箱：dunhuangwenyi1958@163.com
本社博客（新浪）：http://blog.sina.com.cn/lujiangsenlin
本社微博（新浪）：http://weibo.com/1614982974
0931-8773084(编辑部)　0931-8773235(发行部)

小森印刷（北京）有限公司
开本 700 毫米×970 毫米　1/32　印张 8.5　字数 200 千
2017 年 5 月第 1 版　2017 年 5 月第 1 次印刷
印数：1～15 000

ISBN 978-7-5468-1252-6
定价：36.00元

目录

第一辑 无家可归的人

第二辑

尽情奔跑在最青春的时节

第三辑

所有的故乡都在远去

第四辑

走出充满幻觉的世界

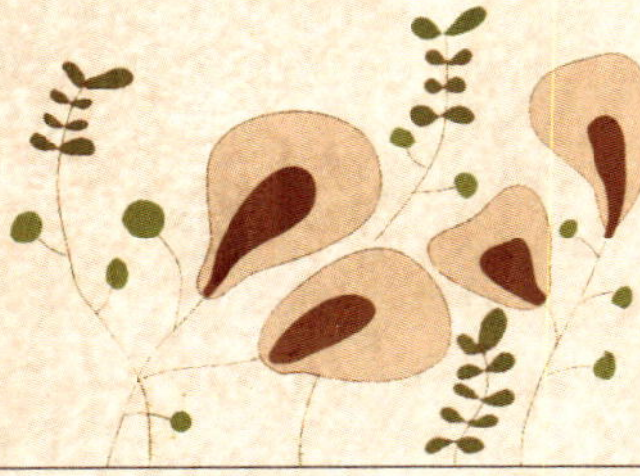

第一辑

无家可归的人

最适当的距离

文_不见不散

我结婚以前和爸妈一起住在一个工厂的家属院里，院子里老人很多，他们每天除了含饴弄孙，去超市排队买打折的鸡蛋，就是打麻将、推牌九，日头好的时候，大家一起窝在墙根儿晒太阳。远远望去，一派祥和的光景。

多么喜乐安宁，我希望自己老了，也能像他们一样。但很快我就发现，自己看走了眼。退休职工只是他们的掩护身份，实际上，他们都是二线特工。

每当有人进入这个大院，这帮爷爷奶奶照旧各行其是，连眼皮都不抬一下，但这只是表面现象。就像一只优雅的天鹅，在湖面上高贵冷艳地漂移，而水面下的两只脚蹼就像在跳踢踏舞一样，忙个不停。

你若是本院居民，你的年龄、职业、婚恋状况、祖上三代的品行……任何情报，在不借助大型数据设备的情况下，会迅速被交换、分析，在瞬间传遍所有楼群。如果你是外人且形迹可疑，整个院子立刻就会进入二级戒备状态。

任何微小的细节都逃不过他们的老花镜：买菜时多拎了一块肉，回家穿了一件西服，神情沮丧、面色灰暗，都会引发各种大胆的猜测，在得到证实之前，就已经成为各家各户茶余饭后的谈资。令人惊奇的是，这些猜测十有八九还是对的，让人不得不佩服他们深厚的人生阅历。

正是因为这些恪尽职守的爷爷奶奶，5年时间，在没有保安的情况下，我们家属院连纸都没丢过一张。另一方面，一进大院，我就头皮发麻。在他们面前，我没有任何隐私，就像透明的一样，每天进出大门，都很磨炼心智。

偶尔，他们也会看走眼。有一次，我妈收到线报，说我领过一个女朋友回来，长得还挺不错。我已经单身很久了，几乎成为堆放在库房里的滞销品，作为厂家，我妈当然很揪心。然而，令人吃惊的是，面对这么劲爆的利好消息，我妈居然无动于衷。“是很漂亮，”我妈说，“那是我妹妹的女儿。”

住在这样的院落里，存在感彰显无遗，但也有说不出的别扭，等我后来结婚搬到一线大都会，居于闹市，车马喧嚣，邻居之间各忙各的，互不打听，再无被人窥视的感觉，我那颗易碎的玻璃心，终于放进了水晶瓶。

有一天回家，邻居正好出门，我老婆故意对我说：“你老婆不在家，我来合适吗？”这位邻居完全没有任何反应，面无表情地走向电梯，不知道他是把笑藏在肚子里，还是真的迟钝。总之，人家的反应很得体，也足够陌生。

后来看到张爱玲的一段话，写得极为到位，大意是公寓是最理想的隐居场所，厌倦了大都会的人们，往往记挂着和平幽静的乡村，心念着有一天能告老还乡，养蜂种菜，享点清福，殊不知在乡下，多买半斤腊肉便会引起许多闲言碎语，而住在公寓最上层，你就是在窗前更衣也不碍事。

不愧是作家前辈，同样的道理，人家讲出来就很有格调。我现在的生活就是这样，光着膀子在家里走来走去，毫无顾忌。当然，这种自由自在的生活过久了也令人生厌，很多时候，我能闻到邻居家做饭的香气，却永远搞不清他们的长相。我又开始希望被人关注，怀念热和的人际关系。

我在大城市的朋友们，很认真地相约组建互助小组，一旦生病或出现其他紧急情况，彼此之间也能有个照应，而在老家的家属院，这种事从来不是问题。归根到底，人与人之间什么样的距离最合适，没有定论，每个人都可以有不同的选择。然而，一旦做出了取舍，除了努力调整之外，就必须承担与之相伴的结果。

再见，江小溪

文_扶 南

1

年轻的时候，我们喜欢说永远，喜欢拿生死来许诺。我们以为那些相处了5年、10年、15年依然没有分离的人，就一定能够一辈子在一起。年轻的时候，我们什么都不懂，我们只知道时间和空间是个距离单位，却不知道它们真正的意义。在对距离的理解上，我们片面得像个笨蛋。

Forever这个单词，我在江小溪的毕业纪念册上写过3次，时间跨度10年，空间跨度两省一市。

再见江小溪是在我们毕业后的第5年，她带婆婆来这边的大医院做手术。在住院部的门口，我看到她手里拿着一沓单子，旁边的男人明显是她的老公。看到我的时候，她咧开嘴笑了笑。江小溪胖了，胖到可以装下她身边的那个男人，挤挤的话，还能顺带着装下旁边的小护士。

男人看到我，点头笑了一下，显然他并不知道我是谁，然后继续训斥江小溪：“你怎么那么笨，说了这么多遍了，到底记住没？”江小溪嘿嘿笑了一声说：“急啥，我就是脑子笨，你多给我讲几遍呗。”

我陪着江小溪去一楼的交费处，电梯里人很多，她站上去，后面的手术车就推不进来了，整个电梯的人都看着她，很明显，大家都觉得应该走出去的人是她。江小溪尴尬地笑了笑，然后走出了电梯。她边走边自我解嘲：“阿南，你可千万别胖，这人一胖啊就笨，脑子也就不灵光了。”

2

江小溪才不笨，初中时的江小溪身高就已经超过了同龄的男生女生，蹿到了1.75米，然后在运动会上一举打破了学校的跳高、跳远、长跑三项纪录。那时的我又矮又胖，每天的早操就是我的心头病，尤其是最后一圈，能坚持下来的可能性几乎为零。

偏偏学校要考核，少跑一圈，扣2分，并且扬言扣完50分的就开除。为了逃避早操，我想尽了各种借口来请假。最后知道我心事的江小溪大手一挥说："多大点事儿，以后你跟我站一排，最后一圈我拉着你跑。"这样一拉，就是半个学期，直到最后，我终于可以自己跑完全场。那时候江小溪就是我的救命稻草，对于一个十二三岁的小女孩来说，任何一点小事都是天大的烦恼，而江小溪就是我初中时代的雅典娜。

高一那年，江小溪的父母离了婚，她跟着妈妈转学去了外省。离开前的那段日子，我们每想到一件事情就会马上写下来，比如每个周末都要打一次电话，每周都要写信给对方，暑假要坐火车去对方的城市见面，要考同一所大学。

她走后的第一个月，我写信告诉她自己有了喜欢的男孩子。她回信说："他真的很不错，我也喜欢，不过从现在起他是你的啦。"我回信说："什么啊，说得好像你同意了，这事就成了似的。"然后我们每个周末会按时打电话，每个暑假都会见面，我们一起躺在她卧室的小沙发上，聊我们喜欢的男孩子，聊我们的理想，聊我们要去哪一所大学。我坐火车去一趟，她坐火车来一趟，很快我们就高中毕业了。

2004年，我高考失败，只上了一所很普通的专科院校。虽然江小溪考了和我差不多的分数，但因为户籍所在地不同，她可以选择北京一所很不错的本科院校，但她还是来了济南。

来济南后的江小溪和我隔着两条公交路线，来回需要一个半小时，月票50元，没有课我们就可以见面。尽管如此，201电话卡还是打了十几张，两个人常看着电话上的余额，一边肉疼，一边不舍得挂。后来从同学那儿知道，我们可以买一款能上网的手机聊QQ，这样只要5元包月，就可以无限聊了。

接下来江小溪就带着我去发了两个月传单，两个人晒得跟煤球似的。被城管追过两次，被保安撵过无数次，被环卫大妈骂过三五次，最后挣了980元，在二手市场买了两部能上网的手机。我的QQ昵称叫“春江水暖”，她叫“丫先知”。

大三时的江小溪喜欢上了同系的一个男生，旁敲侧击地请人打听那个男生对她的印象如何，男生口无遮拦，说出四个“又”：又黑，又胖，又高，又丑。这四个“又”打击得江小溪号啕大哭。哭完之后，她发誓，要半年减重30斤，然后去开眼角，割双眼皮，打美白针。

专三那年，我没有考上江小溪所在的大学，干脆出来工作。而江小溪还在拼命减肥，拼命美白，偶尔叫她出来，点一桌子菜，她却吞着口水不敢吃，指着红烧肉说：“吃3筷子，我晚上回去起码得绕着操场跑8圈。”

后来的江小溪确实瘦了，也白了，毕竟黄瓜和鸡蛋做的面膜没少糟蹋。开眼角、割双眼皮，她没那个胆，也没那个钱。不过整个人的感觉真的好了很多，后来她还真和那个男生谈起

了恋爱。

毕业后，江小溪离开了济南，去了男生想去的城市。她说：“阿南，你别怪我重色轻友。”我说：“不会，能和自己喜欢的人在一起最重要。”后来的我们有了各种各样的软件可以免费联系，却再也没有像原来那样彻夜深聊过。

一年后，江小溪痛哭着和我说她跟那个男生分手了。后来的江小溪通知我她要结婚了：“你忙就别来了，回头我们去济南见你。”再后来的江小溪，渐渐和我断了联系。

3

从交费处回来，江小溪明显很客套地跟我说：“这次婆婆动手术花了不少钱，住酒店太贵了，想问问你方不方便，我能不能去你家住两天。”我说：“没事，来吧，钱不够我这里还有一些，你先拿去用。”她说：“不用，手术的钱够了，就是想跟你借住一下。”

进门的时候，江小溪问我要不要换鞋，我说不用，但她还是换上了从宾馆带来的一次性拖鞋。

我说：“小溪，你过得开心吗？”她说：“我孩子都3岁了。”我说：“冰箱有饮料，你随便拿。”我说：“你还记得我把你家的沙发睡塌的事吗？”我说：“江小溪，你是不是快忘记我了？”

第二天我下班回来，江小溪已经走了。房间的地拖得特别干净，被子叠得整整齐齐，水槽里的碗筷也刷得特别干净，卫生间的垃圾也被清理了。那一刻，我知道江小溪跟我生分了，我知道我已经失去江小溪了。她以这样的方式表达了我们之间的距离。她再也不会跑到我家里，不脱鞋就爬到我的床上偷看我的日记，偷吃我的零食，偷拿我的漫画书和蜡笔，再也不会跟我不分彼此，大吵大闹，开各种无下限的玩笑了。

后来很多时候，我依然会想念江小溪，想念我们一起度过的10年。只是很多时候，我还是不明白，明明我们有着同样的少年时光，看同样的书，读几乎无异的大学，为什么还是成了陌路？

有人说真正造成距离的不是地图上标注的几百公里路程，也不是我们之间失去了情谊，而是生活的经历。生活将原本读一样的书、经历一样的青春的我们，慢慢打磨，产生区别。就像一整块石头的两半，彼此被打磨之后，再也无法拼凑成原来的模样。

我想江小溪比我更早明白这个道理，在此之前，她一定也在心里下了一场大雨。在那场雨里，城市变为一片汪洋，淹没了我们来时的路。

与母亲隔着的那层稀薄空气

文_艾小羊

因为待在家里写作，不需要出门工作，所以我大学毕业很久了，还是与父母住在一起。父亲在家里待不住，他的活动范围从小区的棋牌室覆盖到郊区的垂钓中心，连去菜市场的活儿都抢着干。母亲则相反，因为对于所处城市的陌生感，她除了跟父亲一起早起锻炼，其他时间很少出门。

我吃完早饭，便关起门来写作，母亲轻手轻脚地在外面走动，不外乎做一点家务活。有时候，我写卡壳了，出来放风，母亲见到我很高兴，念叨着阳台上的月季又长了几片新叶，送报纸的换了一个小伙子，阳台上的旧纸箱卖了10块钱。

我出生于母亲的第3个本命年，她比我年长36岁，没有读过很多书，对于电视剧的品位始终停留在农村题材的“雷剧”上。初中毕业后，我已觉得与母亲没有太多共同语言，青春期叛逆到抓心挠肝的时候，甚至对她说过：“妈，我瞧不起你。”后来我读大学，离家千里，与母亲拉开了空间距离，我们之间才忽然变得亲密。我每周写一封信给家里，母亲识字不多，我又写得潦草，一封信，她每天看一点，差不多一个星期才看完，正好接上下一封信。距离使我们之间产生了思念，而这思念，又帮助我们克服了之前对彼此的种种不满。寒暑假回家，我也能挽着母亲的手臂，去逛菜市场或耐性极好地陪她站在路边与亲戚聊天。

工作后，父母到了我生活的城市，大家又住在了一起。时间一天一天过去，有时候，我觉得我与母亲在家，与我一个人在家或者她一个人在家，没有太大的区别，我们同处一室，却像一部默片。她不知道我写了什么，我也不关心她想什么，我们之间的距离，甚至比大学时的千里之隔更加遥远。

偶尔，母亲会跟父亲抱怨，说待在家里闷，我不理她，粗枝大叶的父亲总是不耐烦地回她一句：“你没看见她忙？”我听到了，有一点汗颜。我关上门，其实并不总在工作，许多时候，我抛下了孤独的母亲，与不相干的人在网上聊得亲如一家。

在潜意识里，我有些害怕与母亲聊天，觉得她所说的皆是老生常谈，而一旦话不投机，她又会生闷气，闹得很不愉快。好在，大多数时候，我可以假借工作，躲开与母亲的相处，唯一无法躲避的是一起吃午饭的时候。

坐在饭桌前，我只想快点把饭吃完，母亲却神采奕奕。一件事情，她可以今天讲过，明天再讲，后天继续讲，且母亲很少提及现实。如果她不跟我讲那些天马行空的电视剧情节，便会跟我讲述她年轻时的故事，比如排队买韭菜的时候，忽然阵痛，生下了我哥哥。我吃完站起来的时候，母亲似乎从梦中惊醒，立刻停止了正在进行的话题，问："你吃完了？"我说吃完了，然后坐在沙发上开始看报纸，母亲便一个人默默吃饭，吃完默默地收拾碗筷。

一天早晨，我去锻炼身体，旁边有两位婆婆在聊天，其中一位抱怨自己的女儿，每天在家板着脸，吃完饭门一关，连句话都懒得说。"儿女大了，住在一起慢慢就变成仇人了。"老婆婆的神色黯然，即使四月的春光都无法把它点亮。我想起我的母亲，如果有机会，她一定也会向他人抱怨，可惜，在这个陌生的城市里，她没有朋友。

或许只有重新拉开空间距离，才能弥补心灵的距离，然而对于垂垂老矣的父母来说，那同样是残忍的。守着一幢空房子，心里盛满思念，与守着一间有生气的房子，心里装满寂寞，哪一种更好？这个已经将他们抛在身后的世界，不存在所谓的更好，只有不那么差而已。

我下过很多次决心，要陪伴母亲好好地散步、聊天，陪她看狗血的“雷剧”，但没过几天，就厌倦了。母亲似乎也厌烦我的虚伪，一起看电视时，只要有一次没有及时回应她的情绪，她便怒气冲冲地说：“你爱干什么就干什么去吧。”

曾经，我们以为这个世界上的一切，只要努力去做，便可以呈现出我们所希望的方式，但经过时光日复一日的锤打，却不得不承认，有些距离可以缩短，而那些不能缩短的距离，终是最难弥补。

亲人之间，因为过分的熟悉反而变得陌生，因为没有深入了解的欲望而彼此轻慢，虽是人之常情，却也令人心痛。

倘若没有了亲情的联系，相差36岁的两个女人，本应距离感十足，然而因为有了亲情，这距离，总像手指上的一根倒刺，虽不致命，却一碰就疼。而这样的疼痛，与春华秋实、生老病死相类，每个人走着走着便碰上了。等到那么一天，两人相隔天涯，那曾经相守在一起却如远隔千山万水的隐隐疼痛，却成了最放不下的记忆。

如今，母亲已经离世7年，我每天呼吸着的，都是曾经隔在我与她之间的那层稀薄的空气。

属于他们的珊瑚与暗河

文_虹　珊

“我的白衬衫呢？”冬天的早晨，父亲躺在暖烘烘的被子里，没名没姓地呼唤。母亲放下手里的活儿，一边急急地走向卧室，一边数落道：“每次都是这样，自己穿的衣服总要别人找，别人又没闲着。”不过，第二遍抱怨还没结束，母亲就已经按照父亲的要求找出了衣服。当然，衣服是划着抛物线丢过去的，但它们从来不会散落在床上，父亲总会及时伸出两只手，一把接住，同时还要挤眼笑笑，那种狡黠和满足，就像庄稼接住了阳光和雨露。

我对父亲的这种陋习极度不满，只要有机会，就要给母亲灌输女权主义思想。我说："男女平等，再说，你比我爸还大一岁，凭什么只能你伺候他，不能他伺候你？"说多了，母亲就有了觉醒的意识，但她坚持要在改变之前来一个宣布仪式，以免父亲没有足够的心理准备。母亲六十大寿那天，一大家子吃团圆饭，父亲正要跟她碰杯，她突然站起来说："当着孩子们的面，我宣布，从今以后你们的爸爸自己的事情自己做。"她一边说，一边不停地搓着双手，显得无比紧张、激动和不安，仿佛起义前夜的将军。我们立刻一起举杯，祝愿她福如东海，寿比南山。只有父亲坐着没动，他呆呆地望着母亲，望着她搓手，望着她坐下，望着她将一块肉搛起来又掉在饭桌上……仿佛他的魂魄全都附着到她身上去了。安静下来后，他问她："你是说以后不给我做饭吃了？"她看着他的脸说："不是那个意思。"他又问："那是不帮我洗衣服了？"她看向他面前的碗筷，犹犹豫豫地说："不全是那个意思。"他又问："那是不和我一起制野菊花茶了？"她看向一桌子的菜，弱弱地说："哪里是那个意思呢。"

究竟是什么意思，根本就是无法理清的私案，反正母亲的宣布仪式就像是没有成功绽放的烟花，刚刚点燃引信就完全熄灭了。一切还是老样子：有好东西她总是让他先吃，总是在她摆好碗筷后他才会坐上桌，他洗完脚后她总是会递上毛巾和拖鞋……每次我忍不住要打抱不平时，父亲就说："不要愤怒，你根本就是一叶障目。”

我知道，父亲在母亲眼里，就是力量，这种力量，是母亲无比敬慕的文化的力量、知识的力量。作为农民的父亲，不仅熟读《唐诗三百首》，通晓“上下五千年”，而且连天文地理、时政经济也能说出个子丑寅卯。在我的印象中，他们两个人在劳作之余，最常出现的场景就是：父亲坐在朱红色的松木椅上，戴着老花镜，一字一句地大声读书；母亲坐在他的右边，也戴着老花镜，纳鞋底或择菜。她总是很认真地听，还不时抬起头问几个问题，有时会受到表扬，有时也会受到批评，不过，无论是表扬还是批评，父亲都是笑呵呵的，一副老师对学生表示赞赏的样子。

他们吵架时也是这样。一般是他说了一句文绉绉却充满讥讽的话，她没听懂，但明白那绝对不是什么好话，于是立刻像爆米花一样炸开。她嘴巴很快，理很多，总是可以由此及彼，再由彼及此，不停地循环往复。他咧着嘴，笑呵呵地听着，该做什么还是做什么，手里的活儿一刻也不耽误。当她的声音慢慢变小时，他会再丢出第二句，依然文绉绉却不中听，像深水炸弹，于是，她再度亢奋……如此三四个回合才会结束。我说：“爸你太坏了，一辈子就喜欢逗我妈。”父亲说：“你妈个性好强，要不时疏导疏导，人又太勤快，只有跟我吵架才会忘记做事，就当是我请她休息一下吧。”

2013年，母亲70岁，父亲坚持自己掏钱，正经八百地请母亲休息一下。他们去了心目中共同的圣地北京，来回近半个月。回来后，我要看他们的合影，母亲扭扭捏捏好半天才拿出来，嘴里还嘟哝着“都是导游闹的”。其中有两张着实让人吃惊：一张是在天安门前，他长长的手臂环在她的双肩上；另一张是他搂着她的腰，她歪着头靠在他的胸前。他一米七二，她一米六不到，看起来像一高一矮两棵相依而生的银杏树，古老而羞涩。

而这两棵树，曾经历了多少风霜雨雪啊。生于20世纪40年代初的父亲与母亲，婚姻大事必须听命于家长，尽管两人从小青梅竹马，但母亲的爷爷是当地很有威望的地主，他奉行的是门当户对，是“红庚八字”，他根本看不上饱读诗书却贫困潦倒的父亲。在母亲15岁那年，一顶大花轿将她抬到了遥远的异乡。但母亲没有屈服，婚礼后她就自己动手盖茅草屋，开荒种地，自给自足，一天也没与那个“红庚八字”生活过。两年后，她那先是遭批斗，后又处于饥饿中的爷爷，再也无力坚持错误的决定，终于重新接纳了步行两天后返回娘家的孙女。母亲回家后的第六天，父亲穿着草鞋，空着双手，娶走了母亲。从此，他们开始共同对抗多舛的命运：白手起家的艰辛，父亲病危差点没有醒来的绝境，作为地主子女遭受的凌辱和刁难，节衣缩食供养三个孩子生活和求学的劳累……他们真是太累了，累得只能顾及眼前严酷的现实生活，累得绝无可能赖床等着找衣服，累得绝无时间读书看报，累得绝无心情吵架斗嘴，但他们全都挺过来了。50岁之前，他们将百折不挠获取的爱情铸成利器，用它凿成通山的路，用它架起渡水的桥；50岁之后，那些路和桥，终于回归了日常而浪漫的本质，并在古稀之年让他们敢于用镜头定格对彼此的情感。

我迫不及待地加洗了那两张照片，并把它们装裱后高悬于客厅。每每端详，我总能看见海底璀璨的珊瑚，或听见地下奔涌的暗河。

亲爱的爸爸

文_马　良

我小时候，父亲很少和我说话。他并不是不苟言笑的人，只是他有太多的工作要做，有太多的事情要思考，以至于在我的童年记忆里，父亲就是一个沉默的背影。这背影对一个孩子来说，充满了威严和距离感。当然，有时他也会回头对我笑笑，我那时就会特别开心，觉得自己正一天天成长为他的朋友，但当他转过身时，我又会沮丧地觉得，他身处的是一个我永远也无法进入的神秘辽阔的世界。想去探究那个世界的念头，一直深深吸引着我，如今想来，也许我选择今天正在走的路，只是为了追随父亲的背影，去见识一下他曾经身处的世界。

强悍

父亲从小练京剧武生，和电影《霸王别姬》里的那些孩子一样，是吃了不少苦头的，虽然最终没有成为一个角儿，但因为聪明好学竟做了一名导演。据说父亲是中国戏曲舞台上第一代真正的导演，他一直很得意，第一部作品竟是为周信芳先生做导演，之后他一辈子兢兢业业，其实也都是因为这“不可思议”的第一步。“我这样一个没什么本事的人，周信芳先生也给我面子，听我的调度，我当时便明白了，了不起的是导演这份工作，不是我。我必须鞠躬尽瘁于这份工作，才对得起那么多看得起我马某的角儿。”

以前京剧舞台上的那些角儿都是受人景仰的大明星，一点儿不比如今的电影明星逊色。父亲刚做导演的时候还不到30岁，那些旧时的大腕儿，都是有钱又有名望的“老板”，要在他们面前“指手画脚”，没有些“狂妄”的威严是绝不行的，所以他在工作上的强悍是出了名的，在排练厅里是说一不二的人物。但下了班的他，和门卫室看门的都称兄道弟，一点儿不“张狂”。他曾经悄悄和我说：“这些叔叔都是我的师兄弟，练武生的一旦老了、受伤了、翻不成跟斗了，便只能安排在剧院里做门卫。他们曾经都比你爹厉害多了，我倒是个最糟糕的武生。”

父亲因为练童子功，个子不高，比我矮了一个头还多，他经常伸长胳膊摸着我的头顶，半是骄傲半是遗憾地说：“你瞧瞧我儿这体格，原本我一定是有你这个头儿的，唉，9岁就下腰拉腿，硬是没有长开。”我对此是深信不疑的。父亲和张飞是老乡，即便没长开，也还是个天生威猛的人，扯起嗓子怒吼的时候，我完全是可以想象张飞在当阳桥上三声喝的威力的。有次半夜里有警察来找我爸，那时我还小，吓得不行，以为要抓他去坐牢，结果人家是上门来道谢的。原来昨天他抓了个小偷送去派出所了，回家竟没有和家里人说，他这时才有些得意地说：“我病了这些年，怕是打不过他们三个，于是发了狠大吼一声，结果两个人当时就屁滚尿流地跑了，余下一个腿吓软竟站不起来了，我便抓住了他。”派出所的人连声称奇，他倒谦虚：“他们偷自行车的地方是后面大楼的那个过道，有回音和共鸣效果，不是我的本事。”我们一家人都笑了，他这雷霆般的嗓门是远近闻名的，有时唤我回家吃晚饭，只消朝着窗外大叫：“马良，吃晚饭了！”这炸雷般的声音从狭窄的弄堂深处轰鸣而出，我的小伙伴们无不胆寒，都劝我赶快回家，不要惹出人命来。

指引

其实父亲是个标准的文人，不过就是有一副武夫的嗓子罢了。我12岁考美校前的补习冲刺阶段，糟糕的文化课成绩成为我学绘画最大的障碍，我复习得很辛苦也很惶然，几欲放弃。一天早晨睁开眼，发现床头正面的墙上，父亲写了一幅大字贴在醒目处——“有志者事竟成，破釜沉舟，百二秦关终属楚；苦心人天不负，卧薪尝胆，三千越甲可吞吴。”这话对我的激励很大，我后来便真的考上了美校。

我大学毕业后刚工作的那些年里，心比天高，却四处碰壁如丧家之犬，终日忙于工作，晚上住在办公室里，几个月都没有回家。有一天，父亲竟寻上门来看我，径直取图钉数枚，将一横幅挂在我办公桌后面的墙上，上书7个大字：男儿谈笑觅封侯。父亲知道自己嗓门大，我那时也是个暴脾气，他怕话说不到深处便赌了气，于是常常给我写大字，还有一幅是“厚德载福”。在我被生活戏弄了，越来越喜欢大放厥词的时候，他听了我的牢骚话，随手就去案前写了这4个字，一句话也不多宽慰我。他的书法特别好，笔锋奇妙，自成一格，但我更受用的是那些文字里的嘱托，那是一个父亲给在世间行路的孩子真正的指引。

父亲后来越发柔和了，尤其是在我渐渐变得高大魁梧之后。直至几年前，他病了，晚饭后突然从桌边的凳子上颓然倒了下去。医院发了病危通知，他躺在床上陷入昏迷。我突然意识到也许会就此失去他，想起他在去医院的路上，紧锁双眉，直直望着我却口不能言的样子，我心如刀绞。他已经昏迷到了第四天的晚上，那天是我陪通宵。窗外不远处，有医院招牌的霓虹灯将一片红光映入了病房，他一动不动地躺着，四下里一片安静，只有呼吸机的声音。医生说他再不醒过来就可能再也醒不来了，我整夜握着他的手，怎么也不敢放开。凌晨三点多，我俯在他耳边轻声和他说了很多话，心里想着也许他能听见，即使再也醒不来了也听到了。之后发生的一切像个奇迹，我一辈子都记得。

我突然感觉他的手特别的温暖，那铺满了屋子的红色灯光竟然亮了许多。我突然就有种奇怪的感受，昏迷的父亲，这位给了我血肉生命的人，正在通过他的手，将他所有的能量，他一生的信仰和热爱，他的智慧和知识，源源不断地传输给我、赠予我。那一瞬间，我激动极了，也恐惧极了，激动于这样的一种我想象中正在奔涌的不可思议的传承；恐惧于也许这一刻便是永别，他将一切尽数托付，便一去不回。我流着眼泪唤着他，不知所措，叫得越来越响，慌乱间，我突然看见父亲睁开了眼睛，他不走了，他还要陪着我们一家人活下去呢。我立即叫来了医生，那一刻后父亲便苏醒了，一直还在我身边，只是真的不再有锋芒，不再发脾气了。从此，他成了一个特别和善的人，总是拄着一根拐杖，微笑着看我，像没有原则的土地爷爷一样慈祥。

成为一个像父亲一样的人，一直是我的愿望。我一直觉得自己是个先天并不太完美的孩子，在同龄人里各个方面都不出类拔萃，功课差，体育也不好，各种竞技项目无一擅长，甚至最可自负的绘画能力，一旦开始了专业学习，和一群同样有天赋的孩子在一起，便也成为末流的学生。如果不是从父亲身上学了这男子汉的斗志和坚韧，断然是没有可能杀出这条血路的。再加上他也不要求我什么，在我开满了红灯的成绩单上签字时也从不恼怒，只是叮嘱我："要多看书，多思考，一个有用的人，必须是自己成就自己的。"

发　明

我后来的确因为这句话一直在努力，为了自己成就自己。今天我能成为一个这样的创作者，其实也不只是自己的努力折腾，一定是源于父亲的一些基因，特别是他异想天开的创造力。

我们以前的家有个阴暗的阳台，晾晒衣服都晒不到阳光。上海的天气潮湿，阴干的衣服总有些怪味道，母亲为此时有抱怨，却也无计可施。父亲为了给她个惊喜，趁她出差的时候，在阳台上造出一个机械，又去对面大楼一户相熟的人家打了招呼，在人家窗外打了几个铁钩子，装了动滑轮。一个由自行车脚踏齿轮盘驱动的巨大的空中晾衣机便诞生了。他欢乐地搞着"科学实验"，把一家人的衣服晾在这30多米长的晾衣架上，搞得整个公共街区的头顶上飘满了我妈的胸罩和短裤。我妈回来之后当然是勒令他拆除了这"家丑外扬"的胡闹东西，但自此在小区留下了我爹的神话，至今仍是很多邻居的回忆笑谈。

父亲从小学戏，也没读过什么理科方面的书，他所有的创造都是凭借想象力，把原本没什么了不起的东西，做成了各种让人失笑却也的确有些功用的神奇物件。他曾把一个旧闹钟改成了线控的“唤儿起床上学机”，他只要在被子里扯一把床头的拉线，这条线便会穿过长长的厅堂和厨房，牵动我床下藏着的一个旧闹钟，这闹钟便会发出尖厉的鸡叫，同时点亮我的床头灯。于是，每天早上鸡叫不止，灯光直刺我的眼睛，我不得不按时上学，而习惯读书晚睡的他和我妈便可高枕无忧，不必起床了。最近几年他身体渐弱，不再搞机械发明，但有次还是用我不要的一个黑色人造毛的靠垫给我做了一顶假发帽子，还用铁丝弯出了自然的发际线和鬓角，花了好多时间用线细密地缝了，在冬天的时候突然拿出来送我，还充满歉意地说：“可怜把秃头遗传给了你，天冷没有头发可不好受呢。”

父亲如今已经83岁，不复有他壮年时期的男子气概，成了一个可爱的小老头，但他不服老，拄着拐杖随我妈四处去旅游。平日里还埋头写书，这几年已经完成了几十万字的戏剧导演学著作，只是一直在不停地修改，说是必须对得起将来读书的人，不可因为自己的老迈而有所疏忽闪失。“我是不会在前言里抱歉地说这书有很多疏漏之处的，那些都是客气话，做学问不能自己给自己台阶下。”他总这样对我说。

前段时间，我发现父亲左手腕上并排戴着两块手表，很好奇，问他为什么，他笑着说：“没什么，它们都还在走啊，走得很好，我不忍心在它们之间做选择。”我听了禁不住要去抱抱这个老头子，真心想要好好谢他——他总是润物细无声地指给我看这些朴素温厚的情感，自己却浑然不知。也因为这个吧，多年来我一直不愿为事业、为自己更好的生活而远走他乡，我只能选择留在上海，留在他们身边。这是我人生里最值得的守护，我永远不后悔。

日喀则上空的半个月亮

文_禾　素

有人说，这是一条祖先走了一辈子也没有走完的路。

也有人说，那是江河与时间的源头。当青藏高原的风掠过你的头顶，仰望高耸的雪山群，谛听江河与时间并肩而去，你可能不会再有任何想法，只愿安静匍匐于这一份神圣庄严之下，沿着祖先的脚印，一路向西，走一趟读心之旅。

人在旅途，车一直往前走，我们永远都不会知道下一站有什么在等待自己。

又一次停车等候限时通关，司机土登把车子驶进路边休憩站。不知道当时气温多少，只记得太阳很大，已经下午5点多，

还是燥热难当。一下车人作鸟兽散，都往阴凉处跑。

屋子前面有个黑壮结实的老头在卖西瓜，我跑过去坐到他前面的木凳上："大叔，西瓜怎么卖？""每斤7块钱。""哇，好贵呀！我们那儿7块钱可以买一个啦！""姑娘，这个你就不懂了，我们家的西瓜是全世界唯一不打药水的西瓜。看着啊！"老头一手从装满凉水的桶里拎起个西瓜，放在砧板上挥刀一切，只见瓜瓤透红，还带沙。老头指着西瓜说："看，咱家的西瓜子儿全是黑色的，只有在地里熟透的瓜才会这样，懂了吧？"我赶忙招呼各位爷们儿过来消消暑，一帮人稀里哗啦一下消灭两个，这"全世界唯一不打药的西瓜"虽然有点夸张，但确实前所未有地好吃。

闲问："大叔今年多大岁数？"答："70。"声若洪钟，震了我一下。"70？一点儿都不像啊！"老头爽朗的笑声响起："哈哈，我的身体还像壮小伙呢，姑娘要不要留下来嫁给我？"所有人都笑了。"我有三间厕所、两个加工厂、一间餐馆、几十亩西瓜地、上百亩青稞地、三栋楼房。三间厕所一间收费三元，一间收费两元，一间收费一元，我每天收好多好多的钱。嗯，嫁给我？"老头一口气说完，所有人都开始起哄。有些尴尬的我死撑着继续开玩笑："大叔，您有那么多产业，是这里的百万富翁啊！"老头估计听不太明白，侧身问了土登两句，扭过头摆摆身子很潮地说："No，no，no！"我亦睁大双眼夸张地说：

“千万富翁？”老头又侧身问土登两句，这次更为夸张地竖起两个V字，扭头摆身唱起藏族小调来：“哒哒哒，哒哒哒，留下来吧，美丽的卓玛拉。”

起身告别，幽默可爱的大叔站起身作抹眼泪追车状，在一片笑声中，我们离开了旅途中最快乐的一站。前往日喀则的途中，这帮爷们儿落井下石，说倘若方爷（团队成员对我的称呼）留下，下次来上厕所就可免费。还说倘若我留下，坐在厕所门口收钱的形象肯定深得民心。这一帮子都什么人，懂了吧！

到达日喀则已是黄昏，匆忙在宾馆隔壁一家藏族餐馆吃了饭，几个人随导游小帅瞎逛。小帅是个能人，满肚子的天文地理、历史典故。小帅学的是小语种，从俄罗斯留学归来，本来好好地在青岛带俄罗斯团，上天却把他作为援藏导游派到西藏旅游集团，要说缘分就是这样来的吧？一群原本毫不相干的人，不远千里跑到这片土地上相遇、结伴而行，几天的行程下来，已建立深厚的友谊，仿佛此行谁都不能少亦再容不下任何人。

扎什伦布寺前面公园的空地上，许多信徒在暮色中磕长头，这让我想起晨光中的大昭寺。小帅跟我们讲起扎什伦布寺，讲起好多鲜为人知的历代班禅的故事。扎什伦布寺也称吉祥须弥寺，位于日喀则市城西的尼色日山坡上，是西藏日喀则地区最大的寺庙，为四世之后历代班禅喇嘛驻锡之地，也是藏传佛教格鲁派六大寺院之一。

寺内最宏伟的建筑是大弥勒殿和历代班禅灵塔殿，塔内藏有历代班禅的肉身舍利，包括十世班禅确吉坚赞。据说十世班禅圆寂之后，真身还不断长出头发及指甲，这让扎什伦布寺又添几分神秘及庄严。日喀则这座小小的城更因此而声名远扬。

回到房间，与队友安爷正翻看行程中精彩的照片，房门忽然被敲得震天响。门外说是公安局查房，但门上没猫眼无法证实。我俩面面相觑，有些惶恐，大声说："在没有证明你们是真警察之前，不能随便开门。"结果门外哄笑声一片。我们连忙呼叫领队磊爷过来确认，磊爷爽朗的话音一落，紧贴门边的我们已经"哗"一下把门打开。确实是警察，尽管刚才敲门大声了点，日喀则的警察还是温和有礼的，查对完便说不好意思打扰了，还赞扬我们先不开门是对的，随后迅速离开。

虚惊一场。走到窗前，伸手推开窗户，一股清冽的风吹来，扎什伦布寺赫然现于眼前。黑夜无边无际延伸出去，日喀则安静地在夜色里沉睡，黑暗中的扎什伦布寺仿佛具有一种神秘的力量，让浮躁的心瞬间归于安宁。在这样一座小城，远离纷繁世界的我内心竟是从未有过的平静，而这久违的平静让我体验到一种前所未有的幸福感觉。

窗外，一群流浪狗保持沉默，从街头结伴跑过。整座小城在黑暗中安睡，没有路灯，没有霓虹，没有歌舞升平，甚至没有一个夜归人。整座城安静得让人心颤，这一切的美好让你禁不住眼底湿润，满怀感恩。

在高高的尼色日山下，半个皎白的月亮慢慢从日喀则升起。

当我睡在你身边

文_宁　子

多年后，直到父亲去世，送走他的那天晚上，我才第一次和母亲一起睡。

是我主动提出来的，觉得也许母亲一个人睡会难过，所以我说："妈，我跟你睡一张床吧。"

她看了我一眼，并没有表现出任何意外，只轻轻点点头说："好。"

意外的是我，因为说完那句话后，我才忽然意识到，这么多年，我竟然从来没有跟母亲同床睡过觉。从来没有。

血缘是有魔力的

出生后，我由外婆带，自然也跟着外婆睡。一年多后，外婆带我回了乡下老家，直到我快入学时，才回到父母身边。

那个年代，很多小孩子因为没有人照顾，寄养在祖父母或外祖父母家，我不过是其中的一个，并不觉得有什么不对。只是整个童年时期，我最熟悉的人是外婆。

但我并未因此和父母产生隔阂，一个孩子和自己家人之间的相互熟悉，几乎不需要什么过程，血缘是有魔力的。

回到家里，我便开始一个人睡，单独的小房间里有一张温暖的小床，粉红色的卧具，枕头边还有一只毛茸茸的玩具小熊。

没有了外婆的怀抱，我抱着小熊睡，很快也适应了，睡前会和小熊聊聊天。

读三年级的时候，有一次，听同桌的女孩说，她至今都让妈妈搂着睡——我丝毫不觉得羡慕，却很吃惊，觉得不可思议，怎么会跟妈妈一起睡呢？多别扭，睡在一起说什么？做什么？

想不明白。

那时候我小，不理解很多母亲和孩子之间那种无间的亲昵，后来慢慢长大，也偶尔目睹其他家庭或者影视剧中，母亲对孩子那种近乎矫情、肉麻的亲昵，才知道原来母女之间，是可以这样的。

爱和宠是两码事

母亲是生性淡然的那种女人，她的话不多，脸上永远是平静淡然的表情，喜怒不形于色。所以，她也从来不会对我表现出任何亲昵，不会叫我“乖乖”或者“宝贝儿”，也不拥抱我。但是，她也一样完全尽到了一个母亲的职责，照顾我的衣食住行，让我从小到大衣衫整洁、结实健康、有礼有节、与人为善……

母亲从没有对我唠叨过，对于每一个小孩子成长中都会犯的那些小错误，她持包容态度。新衣服穿了一天便弄破，她会不动声色地在破损处缝补一朵小花；我因顽皮打碎别人家的玻璃，她主动去赔；我考试成绩不好，她只会帮助我改正那些错误；我偶尔撒个小谎，她并不拆穿，但她的眼神告诉我，她知道……好吧，就是这样的母亲，从来没有要求过我考第一、当三好学生，没有约束我不能和男生交往、不能和陌生人说话，但也会在我早上出门前，在身后叮嘱一句，过马路记得看两边的车。

声音那么轻，在我的记忆里却很深刻。

慢慢地，我有些像母亲，不多话，那么多年，所有小女生的琐碎、八卦话题，我渐渐懒得提及。

除此，母亲好像并没有给过我任何宠爱和骄纵。在我的印象里，母亲安静到近乎漠然。而我对她，即使很小的时候，也从不曾纠缠、撒娇，好似我和她之间缺乏这样一种情感。

母亲爱我吗？这个问题，长大以后我自问过多次，得出的答案是，当然爱，每一个母亲都爱孩子。或者因为爱孩子除了天性使然，还是天下母亲的责任。

可是母亲宠我吗？答案却是否定的，因为从没有过被宠的记忆。

所以我一直觉得，爱和宠是两码事，直到恋爱后，被男友带回家做客的那一天。

原来她是宠我的

那天，男友的母亲去厨房准备晚餐，礼节上，我知道应该过去帮忙，于是主动跟着她去了厨房。

可是走进厨房的那一刻，我傻眼了，这才意识到我完全没有关于厨房的知识，我不仅不会做饭，甚至不会洗菜、切菜——24年来，我进厨房的唯一任务，是端饭。

想帮忙是真心的，但是帮不上。于是，我站在那里手足无措。

男友的母亲看出我的尴尬，笑着推我出去，说："用不到你的，去吃水果吧。"

我不好意思，赶紧表明态度："阿姨，我有点笨，以后我会学。"

生怕她会因此对我和男友的感情亮红灯。男友的母亲脾气很好，笑着说："没关系，一看就知道，是你妈太宠你。"男友也在旁边说："对，就是她妈妈惯坏的。"

我并没有反驳，只想摆脱眼下的困境，就随他们认定是母亲宠坏了我吧。但是后来吃过饭，在男友送我回家的路上，我又想起这个话题，对男友说："我只是没学过做饭，才不是我妈宠的，我妈就没宠过我。"

没想到男友反应强烈："你还有没有良心？你妈都宠得你四体不勤、五谷不分了，你还说她不宠你？你自己想想你会做什么……"他这一通咋呼，让我愣怔起来。是啊，我会做什么呢？我不会做饭，哪怕简单的煮面条，不会做任何针线活儿，不会洗衣服，不知道怎样把一间屋子收拾得窗明几净……原来，我就是那种典型的衣来伸手、饭来张口的孩子……想着想着，我得意地笑起来。

我终于知道了，母亲宠我。母亲的宠，和她的性格一样，因为过于安静淡然，所以润物细无声了。

睡在她的梦境里

在这个和母亲躺在一起的晚上，在慢慢地说了父亲好久之后，我们依然睡不着。我想换个话题，就跟母亲说起这件事情来。我问她："妈，你什么都会，怎么都不教给我呢？也不怕我这么笨，以后嫁不出去？"

母亲竟然微微笑了笑："笨有什么不好？笨人有笨福，你不会，日后自然有人替你去做这些事，你就可以少辛苦些。什么都会了，就免不了什么都要做，一辈子操劳。我情愿你像你爸，连瓶开水都灌不好，虽然病患无情，早早去了，但有生之年，他过得很好。我什么都没有要他做过，把他照顾得无微不至……"

母亲的思绪，还是转到了父亲身上。也只有说起父亲，她的话才多一些。

轻轻侧过身，我朝向她，只看到她面容模糊的轮廓，看不到她的表情是忧伤还是平静。而所有这些话，她从来不曾对我说过。

然后好半天，我们就那样握着手，谁都没有再说话。我没有问她为什么很小的时候，不让我睡在她身边，也没有问我自己，为什么这么多年，没有想过和她一起睡一晚。我就这样握着她的手，感受她掌心的温度，听着她均匀的呼吸，忽然觉得这么多年，其实，我一直都睡在她身边，睡在她的梦境里，她的心里。

而母亲不说，因为她知道，总有一天，我会懂。

赶　集

文_闫　红

我一直想再赶一回集。

但舅爷告诉我，现在没集了，因为每天都是集，集就在那儿等着，想什么时候去就什么时候去，当然不用赶了。

我舅爷这人脾气好，说话总是笑嘻嘻的。说这话时，他照旧笑嘻嘻的，可我觉得，他笑得挺遗憾的。

等在那里的集还叫集吗？不用赶的集还叫集吗？

以前，在家乡，集是要“逢”的。或逢单日集，或逢双日集，不逢集的日子，长街冷清，人们安心在家耕作，只等开了集，便呼朋引伴，拥到集上去，或买或卖，或快乐地游手好闲。

每个村子里都有几个人是集上的常客，在马圩子，我舅爷是其中的一个。

我舅爷算是个小知识分子，他的爱好可作为乡间大多数小知识分子的代表：爱听评书，喜读演义，什么《隋唐演义》《三侠五义》《薛仁贵传奇》他都收藏，不过他最爱的还是赶集听戏。远在十五里之外的许桥集，他几乎逢集必赶。那年月乡间文化生活繁荣，每回集上都有河南梆子戏上演，这个剧种最为我的父老乡亲们所喜爱，我的单身汉舅爷更是听得如醉如痴。我刚来不久，他就带我一道去赶集。

那天一大早，我一碗稀饭还没喝完，舅爷就已经在院里给自行车打气了。这辆自行车一看就知道年纪不轻，大梁和车轴上绕了很多花花绿绿的东西，想当年一定花里胡哨过，如今颜色尽褪，缠在上面不过是聊胜于无。

吃过饭，舅爷骑上自行车带着我意气风发地出了圩子。不断有自行车飞快地从我们身边超过，上面多是一男一女，穿得鹅黄柳绿，抛下一片说笑。也有时髦的小伙儿，穿着不太合体的西装和牛仔裤，偏分的头发梳得油亮，吹着口哨从旁边闪过。还有熟人一一现身，我舅爷会跟其中的一些打招呼，他们互相称作“大哥、老叔、二伯”等等，其中不少都是没出五服的亲戚。

半个小时之后，我们终于接近了许桥，还没进入集市，已见得热闹。路边停着好多小“蹦蹦车”，没抢到集里铺位的就把生

意做到这边，大红大绿的布匹铺天盖地，太阳很好，周围很闹，像蜜蜂似的嗡嗡叫，吵得人鼻尖上、背上都渗出汗来。

集市更是一个迷宫，舅爷把自行车锁在一棵树边，便带着我从这儿走到那儿，从那儿走到这儿。到处都是人，高音喇叭也不知道安在哪儿，传来的河南梆子一个劲儿地唱，声音沙哑而悠长，在滔滔人流之上，唱着一个人的委屈与辛酸，可这委屈辛酸落下来，也只是增加了集市的气氛，让集市更像集市了，连拴在树上的骡子和马都一个劲儿地欢实。主人却很冷静，抄着手，站在旁边，冷眼看着，嘴里有一句没一句地跟人谈着看上去还没准头的生意。

乡政府的院墙下，阳光像冰溜子化了淌下的水，稀里哗啦漫了一地。一个老头儿蹲在那儿，穿着洗得发白的蓝布棉袄，腰上扎着条污浊的织布带子，一顶金色草帽却非常耀眼，是新买的吧？他脚边摆着成捆的烟叶和烟锅嘴子。他眼睛不看人，只吧嗒吧嗒抽他的烟，爱买不买，可那惬意的姿态，让他的烟叶显得更诱人了。

舅爷一路问我吃啥，瓜子、花生、甘蔗……路过了无数零食摊子，我出于客气，连连摇头。舅爷就叹："城里小孩的嘴咋那么刁呢，整个集上都买不到她要吃的东西。"舅爷最后带着我来到露天戏场上，这是他今天上午的最终目的地，他领着我跑了那么一大圈就是为了来到这里，心无旁骛地进行最美好的享受。

我和舅爷捡了张报纸垫在屁股下面，仰着头看。戏台上一个小姐正咿咿呀呀唱得来劲，她穿着闪闪发光的衣服，长长的水袖甩开来，额上大而圆的亮片衬出水汪汪的一双桃花眼。不过最好看的还是她脑后的一个圆髻，当她翩然转身将背影留给观众时，低垂的发髻妙不可言，尽职尽责地替她表述一些不能说的隐情。在我没见过世面的眼中，这个小姐简直就是仙女下凡。我没有想到这儿还有这么好看的人，城里小孩的优越感瞬间消失殆尽。

那个演员唱完并没有回到后台，而是从前台侧面走下来。我们正好坐在那儿，她从我身边挤出去，我目不转睛地盯着她看，却看到这个仙女有着一双凡人的手，粗糙、沾满了灰尘，不像我想象的那样涂着闪亮的指甲油。想到她下台可能是去上厕所，刚才的美，便像灰姑娘身上的魔法一样虚幻。

接着上台的是个黑脸，我耐着性子等他下去，可他就是不下去，我终于浮躁起来，要走。舅爷舍不得走，塞给我两毛钱，让我买些零嘴，到场边锁自行车的大槐树下等他。

我出来转了一圈，买了根甘蔗，坐在大槐树下啃，啃着啃着，啃出一条虫，吓得我把整根甘蔗都扔了。只好百无聊赖地到处看，这里地势高，场地大，逛累了的人都到这儿歇着。阳光像烧开了的水，蒸腾开来冒出丝丝缕缕的雾气。

我旁边的树下坐着一个男人，带俩小孩，爷仨儿穿着一样的牛仔装，是一种比较深的靛蓝色，穿在俩孩子身上看上去很洋气，穿在父亲身上则十分童稚滑稽，却显得愈发慈祥。他的两个小孩都捧着奶油蛋糕，一副很优裕的样子。估计那个父亲是镇上的工作人员。

我正看得入神，突然有人对我讲话，我吓了一跳，抬头，眼前一晃，是村里最时髦的年轻人德子，他穿着蓝色的球衣，眼睛明亮，阳光打在他的颧骨上，脱胎换骨般的精神。稍一稳住神，我说："你也来了？"他潇洒地一扭头说："我跟几个朋友来集上逛逛。"说着，他指向远处的几个身影，也都是时尚青年，他对他们挥挥手，扭头走了。

过了一会儿，我又看见了村里其他的女孩子，她们手拉着手，大声说笑，十分夸张，人们都朝她们看，她们的声音就更大了。我喊了小林子一声，她看见我，非常高兴，叫我过去。

我加入了小林子她们的行列，和她们勾肩搭背，招摇过市，人们不由自主地让出一条缝隙，我们就从那缝隙里钻来钻去。小林子她们脚步飞快，像跳舞一样，我都快跟不上了，被她们拖着从这头逛到那头。走到哪儿都有人看我们，尤其是那些年轻男子，他们远远地看着，眼神专注，小林子含着笑低头骂了一句什么，嘴边抿出个小酒窝来，说笑声提高了八度。

当然，也只有她有资格骂，现在想来，那些眼神都是冲着她来的，其他的女孩子都还没长大，可是我们全没意识到这一点，都跟着傻乐呵，出了一头一脸的汗。小林子把毛线衣都脱了，在面前悠来悠去地扇风。我发现她的刘海儿用火剪卷过，额前枝枝蔓蔓，一双眼睛黑而潮湿。她的脸红得亮晶晶的，天然的红，与平时用门对子擦出来的截然不同，她是我那天在集市上看到的第二个脱胎换骨的人。

忽然我看见舅爷从那边的篮球架下穿过来，一路小跑，我喊了他一声，他很茫然地四下看看，这才看见我，叫起来："哎哟，你个祖宗，你咋不吱声就跑了，吓坏我了。"他瞅了小林子一眼，皱起眉头，拽着我脱离了这个群体，朝着停自行车的地方走去。

集突然就散了，人们蜂拥着进来，又蜂拥着离开。舅爷的自行车穿越了许桥含糊昏昧的光线，重新行驶在乡村公路上，两边的树林如琴弦，车轮无声地划过。一路无话，快接近马圩子时，舅爷对我说："你别跟乡下小孩胡闹，你跟她们不一样。"我应着，却不知道他指的是什么，心里狐疑着，又羞愧又委屈，一场欢快泄了气，我简直要哭出来了。

几个月之后，我听说小林子和德子私奔了，我想起那天集市上快乐的她和他，恍然大悟。那时候，这样的集市隔上十多里就有一个，这样的集市每两天开张一回，有多少少男少女在熙攘的人群中眉目传情，行至无人注意的角落暗定盟约？这是《诗经》时代就开始的剧情吧？现在却已经没落，年轻的男女涌入城市，在工业化的流水线上，开始另一个版本的故事。集市没了，集上的故事也没了。

无家可归的人

文_马　德

卖掉老家的房子，是在1992年。

一共卖了7000多块钱。5间砖包坯的瓦房，父亲一辈子的心血以及我余生的所有梦境，都在这些钱里。房子卖给了本村一户李姓人家，还写了一个协议。那张协议布满油渍，皱皱巴巴，一点儿也不体面，像极了我那一刻的心。签字的时候，手哆哆嗦嗦，觉得自己是卖掉了父亲。

是的，不仅卖掉了父亲，从此，自己也无家可归。

父亲去世，我远在异乡读书，母亲投奔到姐姐那里，家中无人，房子无人照料：这是我卖掉它的全部理由。尽管村里还有其他一些亲戚，但我已没有家了。是啊，家在哪里？再亲的亲戚家都是别人家，再温暖的话语，也不过是寒暄。卖房后的一年，我在山坡顶上的三姑家借宿，三姑极热情，说：“今晚就住在三姑这里吧，还不跟住在自己家一样？”半夜，我在她家炕上辗转反侧，一千句一万句地在心里问：这哪里一样？这哪里会一样！

父亲是在翻盖这5间砖瓦房时累得咯血的。父亲的心思很明确，一旦我上学上不出什么名堂来，就以此作为娶媳妇的资本。父母之爱子，则为之计深远，果真如此。然而，心强命不强。父亲的身体急转直下，住不起医院，只好在家里输液。冬日的阳光，从新盖房屋的玻璃窗照进来，暖暖的，房梁间垂下一根铁钩，挂着父亲的输液瓶子。再暖的阳光，已经焐不热这个贫寒的家了。父亲临终之前，有人建议我去算算卦看看风水之类的，我摇头。我敬重生活和命运就足够了，没必要再向鬼神低头。

姓李的人家买了房屋却并没有住过。而在梦境中，我却一次次回到故乡，回到那几间房屋之中。有时候，我会通过谷歌地图看看我家的小院。虽然极模糊，依旧看得出它的破败和荒凉，倒是羊圈和牛圈旁边的几棵杨树，依然绿意盎然。羊圈里的那根木头应该还在吧，记得当初盖羊圈的时候，用石头垒起的后墙由于地基不稳要倒塌，父亲撑着那面墙，一直到我放学回来，也不知道父亲坚持了多久。如果那天我放学晚了，也许早就没了父亲。刚进院门，父亲就喊我的小名，叫我赶紧找一根木头来。我慌了

手脚，几次找来的都不符合父亲的意思。父亲咬牙坚持，直到我找来合适的木头，顶在要倒的墙体上。现在，那根木头活过了岁月，而父亲却没有活过一根木头。

又一年除夕，我回故乡给父亲上坟，顺便瞥了一眼院子。满院子的枯草，房屋的门窗都被砖坯垒上，院墙坍圮了，有牲畜越墙而入的脚印，杂沓凌乱，愈显破败。屋顶的瓦缝间长了好多野草，硬挺挺的，鸟雀徜徉其间。我进到院子里，站了半天没有动，想哭而没有泪，有的只是满心的疼痛。想起多年前，这个院子里有父亲母亲，有姐姐，有我，还有几只羊和一头骡子，满是生机。每每放学归来，进院门都要高喊一声“妈”，然后，鸡突然四散了去，狗摇着尾巴跑过来。夕阳透过树缝，满院子纵横着枝杈的重影，磨刀石前，父亲正聚精会神磨着镰刀。然而，人世沧桑，这一切都不在了。

母亲说：“唉，你看咱们村现在灰塌塌的，都成什么样了。”母亲远走他乡之后只回过一次村庄，村里头已经没什么人了，街上连一个人也看不见，家家户户的门窗都被砖垒上，年轻人都进城住了，这个村可怎么办啊？母亲连声“啧啧”，然后，眼神呆滞，半天没有一句话。是啊，村庄除了留守的老人，已经没什么人了。我家的邻居们，有一家随儿女去了包头，另一家去了大同，没有回来的打算。年三十的时候，我在父亲的坟前烧纸祭祀，一个岁数稍大的村民路过，他看看我，我看看他，彼此不敢相认。后来道出名姓，尽管是很熟悉的名字，却一时语塞，不知道该如何称呼他的辈分。

离开村庄漂泊了太久，我把村庄忘了，村庄也把我忘了。村庄成了空村，我成了无依无靠的人。

老一辈人渐渐故去，村庄所有的房屋都会坍圮，一场又一场的风刮过，把最后的一丝温暖也撕扯了去，家园就像一盏灯，黯然寂灭。这多么可怕，我想都不敢去想。原来村里的学校一年级到六年级的学生都有，而现在，连学校都没了——绝大部分孩子都随父母到城里上学去了。

村庄，已被连根拔起。

或许有一天，所谓家园，只是先祖的坟茔所在地。每年到了清明或者年节祭祀的时候，所有的人驱车从四面八方赶回来，祭奠过祖先，又各自匆匆离去。那时候，无人居住的家园就真的成了一片废墟。我想，每个人无论在外面走了多远的路，成就了多大的事业，若是家园荒败了，最后都会沦为无家可归的人。

神木的热烈

文_木　木

1

上大学的时候，宿舍四个人，我是最没见识的，其他三人都是城里的，见多识广，能说会道。梅子和我最亲，常指导我：“虾子，看到没？那谁特别有钱，衣服全是名牌，她家是神木的。”我当时迟钝，懵懵懂懂，又害羞得不敢多问，怕被笑话。

可是，神木到底是什么？

后来，我谈了个男朋友，我叫他老李。他前后鼻音不分，在一起半年多我才知道，他叫李X兵，不是李X斌。

也巧，老李就是神木人，他整天跟我念叨：“人家大柳塔煤多得跟海一样，卖一块地一人分好几十万，听说是半夜村干部喊了开会，一家家用麻袋往回抬钱。就我们穷，地不值钱，地下什么也没有，哼！”

直到那个时候，我才理解梅子那酸溜溜的总结——她家是神木的。

原来这就是神木。

2

2010年国庆节，我第一次跟着老李去神木。

到老李家的第二天，我跟他去镇上找一个朋友，约好在银行门口见面。银行门口人很多。一位大叔来回踱步打电话，看得人眼花。我注意到他褴褛的衣衫的口袋里，是一厚沓崭新的百元人民币。那沓人民币使劲往外挤，惹得我呼吸急促，只差伸手去接。突然就想起我妈逛县城的模样，她总是把大钞用手帕包了一层又一层，塞进裤腿，再用袜子束紧裤腿，掏钱时，还得找一个厕所，偷偷摸摸地取出来。

而这里，我细看周围，来来往往的人大都装满了钱，不提防人。

我感叹：“你们镇的人真有钱啊，而且，竟然没人抢。”

老李说："什么呀！都是跟银行贷款的。抢钱？这又不是警匪片。"

我问："为什么贷款啊？"

老李答："贷款的都是想着赚大钱的，拿了钱去买别人的地，屯着，等煤矿企业来收购，倒手一卖，狠赚一笔。"

我又问："那没有人来买地怎么办？银行不要钱吗？"

老李答："肯定要啊。我们这儿有个哥们儿，银行来了人就往自家阳台一站，喊，你们别催了，再催我跳下去啊，跳下去你们什么都得不着。这样银行就没办法了。"

3

经过一片已经收割过的玉米地，一辆白色的宝马车慢吞吞地从我们身旁开过，停在地头。车门打开，走出一对年近六旬的老夫妻。他们下车后转身到后备箱跟前拿出来两把锄头。两个老人，在晨光的照耀下，背对着宝马，钻进了地头。

"就这样来锄地吗？"我笑嘻嘻地问老李。"不然呢？"他一副不以为然的表情。

我心里出现的画面是：在遥远的关中平原上，我爸爸拉着传统的架子车，风风火火地奔向玉米地，架子车上是各种农具。

4

为了让我顺利爱上神木，老李特地绕路领我去了县城。还别说，这县城比我们那边的大好几倍。

我尽量让自己的眼睛追着他的手指，看到了光秃秃的只有阁楼没有绿树的山，再就是一条瘦瘦的河。剩下的全是楼，跟西安差不多的样子。一时恍惚，以为自己回到了西安，心生温柔："嗯，还不错。远比我想象的要亲切。"

绿色的大树，洁净的大道，道上奔驰而过的车辆，边上低头疾走的朴素路人同我家乡的大叔大妈大爷大娘，有着一色的容颜。

感情这东西说来就来，粗犷也有粗犷的美。

我沿着东山路向南，抬头望远处的阁楼、栏杆、辉煌的庙宇和高塔，向往无比，决定攀爬。有一段路十分陡峭，我连爬带滚地被老李拎上台阶，转身回望，入眼的是一个个如履平地的攀登者，是本地的神木男女，他们谈笑风生，根本不觉这山路的险峻。

老李说得没错，这地方的确有股二锅头的劲儿，烈。天不怕地不惧，错和对都搁一边，先去闯一遍，回头再来看。失败了，没关系，我等，等风来，重新振翅。

5

夜幕悄悄降临，华灯初上。街上车辆很多，喇叭声、刹车声此起彼伏，远光灯晃来晃去，在两山之间，繁华动荡不安。漫山遍野升起绚烂的灯火，闪闪烁烁，似星辰万千。我没出息地惊呼：“美，不可能更美了！真舍得花钱，连山都一厘米一厘米地装饰！”老李“呸”一声，为我的少见多怪汗颜。

白昼的神木是保时捷、悍马的天下，嘈杂无章；夜间的神木归于宁静，近山近水，格外温馨，加之两侧炫目的灯火，要多美有多美。

6

在广告牌上看信息，售房的最多，147平方米120万元，全款；98平方米70万元，全款……也有出租房屋的，两室，124平方米，38000元/年，年付；三室，147平方米，45000元/年，年付。看得我的嘴越张越大：比西安二环内都贵！

神木县位于陕西省北部，历史悠久，资源富集，人杰地灵……全县总人口42万，县域经济综合竞争力居全国百强县第44位。

这是来自百度百科的信息。

15年免费教育、全民免费医疗、孤寡老人和残疾人免费供养，这里有丰富的煤炭和石油资源，其中锦界乡人均GDP3万美元，接近香港和新加坡的水平。在神木县城的酒店内，几个外地人频频碰杯，相互调侃：“祝你早日有个神木户口！”

这是来自《西安晚报》的信息。

这似乎是一个与众不同的县城，街上随处可见的铺面，不是典当行，就是贷款公司，最繁华的一条街道甚至容纳了50多家银行和其他金融机构，其金融业的繁荣程度堪比任何一个大都市。不过，这是它之前的繁华，如今已是人去楼空，满目萧条。

这是人民网2013年7月的消息，标题为“神木民间借贷崩盘，全民借贷成全民追债”，附的图片是倒闭的店铺和关了门的典当行。

7

2013年1月，我正式嫁给老李，落脚神木。迎亲的车是清一色的宝马740，都是他哥哥和姐夫的，连摄像车都是白色的“普拉多V8”，跑在最前面，寓意白头偕老。豪华的车队，看得我这边的亲戚一个个眼睛都转不动了。

2013年12月，老李的表哥，就是我们结婚时用的那辆棕色宝马740的车主，一个1987年生的小伙子，煤矿投资失败，欠了一屁股债，人逃得老远，把债务留给了年迈的父母。他爸妈逢人就问："给贷点钱行不行？"可哪里有人敢。

这几天，据说他表哥家所在的那个村子卖了一块地，要把钱分给农民。消息不胫而走，十里八乡的债主全上门来讨债，几乎家家户户的炕头都坐满了来讨债的人，都在等，等着那一点还没有分下来的卖地钱。

昔日风光的一些亲戚渐渐风光不再，车子被没收，房子也卖了，自己又搬回小村子去住。各家的男主人心高气傲，还等着突然发达，倒是女主人担起了生活的重担，出去揽工做活，在镇上洗车或者做店员，每月1500块钱。

我时常想起老李对神木的评价：二锅头。就是二锅头——神木太烈了，但是，会慢慢温和起来的。我相信。

在这里的一年多，我常去爬我家后面的高山，俯瞰近在咫尺的小城，老觉得自己对她还持有偏见。以前不爱，现在却固执地爱着。当外界睁大眼睛盯紧神木的时候，神木其实并没有动荡。就像我的一个姐姐，富的时候穿貂皮大衣，穷的时候也还是一样，她不发愁，倒安慰我："天塌下来有高个儿顶着，你怕甚，日子长着呢。"

就是，日子长着呢。

听说你也曾因“内向”而自卑

文_陈大力

“内向”这个词，是稳定镶嵌在我的人生履历上的。

自小如此。我痛恨公共场合的发言：众人的目光齐齐打在我这边，会烧起我脸颊的一片灼热；我一边出口，会一边为措辞胆战心惊，生怕声音打着旋儿地飘到别人耳边，最后却落实成日后被嘲弄的谈资。

想缩在人群的边缘裹衣角，任别人张狂发言，制造热闹。

我不出头。

朋友也说，她打小就内向，不想给不熟的同学借作业抄，但又实在不好意思开口拒绝。性格一直延续到现在，她在广告公司实习，很努力地适应职场，仍然会觉得跟只见过一两面的同事打招呼很费力。

简单的几句寒暄，她也无法自然地抛出，再待对方轻巧接住。

内向的人都慢热。

其实看见别人三俩扎堆，我也想凑上前，奉献八卦佐料，但我怕别人觉得唐突，依旧站远观望。

其实身处在陌生环境，我也想发光放热，迅速打成一片，但我不懂梗，不插话，不知如何融入。

其实有了喜欢的人，我也想大胆追，打出猛烈攻势等他接稳，但我不敢，我连单独给他发“晚安”，都怕他心里生怪。

内向的人，纵使心里揣着火炉，也不敢找人摊开散热。

对于他们来说，表演热忱太难了，敞开情绪太难了，展览自我太难了。

一个有趣的现象是，不同性格所受的待遇并不平等。

内向时常同自卑挂钩，因为从小到大，总是外向的孩子更受周围人的偏袒，无论在同龄抑或长辈面前，他们都是宠儿。他们被更多目光浇灌，得到更多的青睐与垂爱。

于是无孔不入的成功学，拿“内向”这一性格开刀，劝诫你游走人际要圆滑，搬弄得来漂亮话，违心奉承也行云流水，改善人生品质全靠热乎乎的一张嘴。

跟很多内向的人一样，我也试过。

为了获得共同话题，强迫自己去看并无兴致的韩剧，只为了别人讨论男神的吻技时能插一嘴。

为了升职加薪，告诉自己要学会高超地赞美领导，只为了在暗伏硝烟的办公室政治里求得一隅生存。

为了更好地抛头露面，鼓励自己去学交际与演讲技巧，只为了或许有朝一日跟几位了不起的某某相谈甚欢。

确实有改善，但我会在不情愿的交流完成后，变得非常疲惫。

逐渐我才明白：内向是我人格的一部分，硬要掰成往外的，不是做不到，只是会很难受。外向让我不舒服，因为它不是我的本心。

有人只想获得一整间的掌声，就一定会有人，只想在观众席里安静地听完发言。

人的性格，其实很难改变。内向的人可以变得更外向，像我，现在可以跟不太熟的人也插科打诨，但最终还是更喜欢结交几位话不多的挚友，简单陪伴就好，不用妙语连珠，不用觥筹交错。

真的不用。

我认识一位姑娘，非常内向。她上台做一次PPT演讲，毛衣都能汗湿一半。她曾经抱怨讲，自己肯定完了，学不来八面玲珑的社交，以后在公司不知道怎么混。

她完了吗？并没有。她现在自由职业，靠高价的稿费，活得很好。她的文章因细腻与含蓄而出众，我想，如果不是性格的内敛让她有了更强的洞察力和思考力，她的笔触不会比别人的更加缜密与深情。

以前我会鼓励所有内向的孩子，要克服自己，走出你的心障，外面世界挺宽广的。

现在我不了。我觉得，纵然外面的世界宽广，一个独立的个体，有权力选择停驻在自己的一方小天地里。

以前我也被“外向的人会有更多机会”一类说辞吓得不轻，但后来我明白，让一个人真正获得他所想要的生活的，不是他的性格，而是他的能力。

内向的人自有内向的力量，这并不比外向低人一等。

而对于所有内向着，或内向过的人，我赠送两个字：接纳。接纳你自己。

人生多苦啊，真的，怎么舒服怎么来吧。

终有一天你会发现，你并不是只有靠变成开朗的别人，才能过得好。

第二辑

尽情奔跑 在最青春的时节

鹏　鹏

文_田弘毅

1

“不是‘朋友’的‘朋’，是‘大鹏’的‘鹏’。”别人把他的名字写错时，他总这么纠正。鹏鹏是我上小学第一天认识的两三个人之一，我还能记起那天他穿着一件红白相间的二指背心的样子。背心上面印着《芝麻街》里那只又黄又胖的大嘴鸟。他总喜欢噘着嘴，和那只胖鸟也有几分神似。

小学时我们班有50多人，如果稍微留心，就能把这群小朋友归成几类——古灵精怪最得老师宠的，张牙舞爪只知道捣乱的，羞答答一声不吭缩在角落的，当然，还有一两个照陕西人的话说，不那么灵性的。

鹏鹏一开始就算不上灵性。语文课上，他总记不住生字的笔画；数学课上，他总掌握不了加减法；体育课上，他跳绳的动作永远不得要领。他宽而扁的脑袋，不管高兴或不高兴随时撅起的嘴巴，还有常常造访上嘴唇的两行鼻涕，让他变得很滑稽。包括我在内的很多小朋友都给鹏鹏起过外号，但我们的创意有很大的局限，多半脱离不了傻、笨、呆的意思。

有一天，早上第一节课，鹏鹏因为出去倒垃圾而迟到，老师并没有批评他，只是告诉他劳动光荣，但不能耽误学习。我看着他，他的扁脑袋，他沾着灰尘的鼻涕，他脏兮兮的衬衣短裤，他周身透出的“劳动人民”的气息，我突然很鄙夷地笑了。我对同桌说：“他这种人就配倒垃圾。”我的声音不大，老师和鹏鹏都没有听到，但还是在周围引起一阵笑声，我挺得意。

15年之后，我发现自己仍然没有忘记那句话。相反，那个句子里的每个字在我舌头上跳动而过的感觉，脱口而出后在四周空气里轻轻震荡的回响，都保持了那一天那一刻的真实和准确。文艺路小学二年级四班那个早晨的一切都被瞬间还原。年幼时的残忍无情丝毫不输长大后的刀光剑影，可它究竟是从哪儿来的？

2

三年级开始，男孩们好像一夜之间长出了獠牙利爪，打架成为风靡全年级的体育活动。班上的几个男孩隔三差五把鹏鹏堵在教室门口，二话不说就在他身上练起拳脚。鹏鹏不哭也不还手，他只是站在原地等待事情的结束。我记得很清楚，有几次他是笑着挨完一顿打的。鹏鹏唯一的反抗也是口头上的："我告诉老师呀！"他经常在整个过程临近尾声时才扯着嗓子用极高的音调发出这样的威胁。打人的男孩们一开始有些心虚，但很快发现鹏鹏只是喊喊，根本没有胆子去告诉老师。

一年之后，我从小组长升为中队长，经常作为老师的"使臣"被委派到几个所谓差生的家里，向他们的家长告状。

有一次，我奉命和鹏鹏一块儿回家。鹏鹏他爸开门一看见是他，就咆哮起来："你咋回来了？又咋了？"他一只手揪着鹏鹏的耳朵，把鹏鹏往门里拽。

"叔叔，崔鹏又没写数学作业，他还跟老师说他忘带了，他都忘带好几次了。"

"你又给我惹事，老子自己的事还不够烦的呢！看老子今天怎么收拾你！"如果忽略他的语言，他简直就像院子里那些拍洋画片的小孩一样叫着跳着。

"叔叔，你别打他了。"

“你别管。”他掐着鹏鹏的脖子，把他拽进另外一个房间。

门摔得响亮，整栋楼微微颤动。咆哮声紧接着传来，含混不清，鹏鹏的哭喊声变得尖锐。唯一令我感到庆幸的是，我没有听到皮带在肉上“硬着陆”的那种爽脆利落的声音。后来，我从一个同学那里得知，鹏鹏的爸爸经常用那种老人坐的木质小板凳打鹏鹏，砸他的脑袋。那声音是钝的，埋藏在父子俩的喊叫声中。

门开了。鹏鹏他爸在鹏鹏背上推了一把，鹏鹏一个趔趄，几乎是滚着出来的。

“你给老师说，我已经教育过崔鹏了。”他脑门上结满汗珠。

我和鹏鹏走出院子，天还是一大片稠浊的灰色。我们穿过路上浙江人开的布匹摊子朝学校走去，花花绿绿的窗帘布从我们脸上轻轻拂过。我们都哭了。

3

六年级的一次作文课，题目是“以后的我”。按照惯例，动笔之前老师会叫一些学习好的同学说说自己的想法。鹏鹏在课堂上从不主动发言，但那天鹏鹏第一个举起了手。他坐在他的“特座”上——那是老师专门给他安排的座位，就在讲台旁边——右手慢慢举起来，在半空晃悠着。

“来，崔鹏，你说说。”

“长大的我，”他站起来，声音变得庄严，用一字一顿的学生腔说，“会当一个董事长，我会有一个大公司。我的公司里人很多，生意很好，人们都尊敬我。每天早上我上班，门口的保安小李都会跟我说：‘崔总，您的信！’我对他说：‘你辛苦了！’这就是以后的我。”

巨大的、海浪般的笑声瞬间爆发，险些震碎玻璃。有人笑趴在桌上，有人高喊着“崔总”，有人接着高喊“您的信”。

这好像是个分水岭，所有之后发生的事情都罩上了一层模糊的壳，所有的声音都变得瓮声瓮气。时间在这毛玻璃罩子下撒开腿飞奔，快得发狂，仿佛有人突然按下了快进键。

姜文电影里的孩子把书包高高抛起，书包落地，孩子已长成少年。其间的苦乐，让它停在云端，落在枝头，消失在鸟儿的嘴尖吧。多浪漫！恍惚中，我看到毕业典礼之后，鹏鹏一个人站在操场上，他头顶上是巨大火热的太阳，整个操场陷入一片涌动的光海之中。他也把自己的书包向天空抛去，却久久不见它落下来。

4

鹏鹏消失了8年。直到大二那年暑假，我偶然联系到一两个小学同学，才猛然想起他。

同学们的样貌大都脱离了小学时候的“初稿”，时间描线，荷尔蒙上色，青春一下子跳跃在纸上。鹏鹏是个例外，好像有一双大手为了省事，只是把他从头到脚全部选定，拖着一个角把整个人按比例放大，除此以外再无变化。老师说这次聚会是鹏鹏发起的。

“同学们，朋友们，”鹏鹏的嗓音粗了些，“今天是个快乐的日子，今天是我们相会的日子！我们有的上了大学，有的工作了，林老师也结婚了。以前有些人欺负过我，但我们还是好朋友。大家今天都要吃饱玩好，祝我们的友谊天长地久！”说完，他把手里那张皱巴巴的发言稿塞回裤子口袋。

再没有海浪一样的笑声，所有人都鼓着掌，老师说：“我们的崔鹏确实长大了。”

我抿紧嘴角，两只手把屁股底下椅子上的衬布抓起了几十层褶子。我终于没有哭。彼时彼刻，我像一个被关押已久等待执行的死刑犯人听到赦免的消息，像一个打家劫舍、恶贯满盈的江洋大盗在佛前滚鞍下马。

我没有作恶。我在心里像默诵经文一样默诵这几个字，终于感到一丝宽慰。

鹏鹏告诉我，他在一所警官学校学习，过几个月就去派出所实习，转正的希望不小。他说他爸爸在一次车祸中去世，家里只剩他一个人。他在警校谈了个女朋友，长得很漂亮，穿上警服神气得不得了。聚会结束时，他要了个塑料袋，把桌上的剩菜一股脑儿倒进去，说是要喂他的警犬。

那天晚上，我和一个小学时候的好友聊天，说起鹏鹏。

“你在国外吃汉堡、薯条吃傻了？”他对我言语中流露出的欣慰大惑不解，“那都是编的！我们给警校打过电话，人家说根本没听过这个人！”

“那照片……”“你不信自己上网去看，他所有在警校的照片要么只有他一个人，要么只有别人没有他。我估计他的警服都是借来的。”

“那他的女朋友呢？”

他笑得呛住了，吐出一大团烟雾：“他从别人的QQ空间里复制照片，说是他女朋友。”

“他说他爸去世了，这不会是假的吧？”

“放屁！我们上周还在院子门口见他爸了。你都不想想，你家喂警犬用蕨根粉和麻婆豆腐？崔总嘛，能编得很！”

我一下愣住，脑子爆炸了，但悄无声响。

5

刚刚过去的这个夏天，鹏鹏通知所有人他要结婚了。这消息突如其来，让人不免心生怀疑，但包括老师在内的多数人还是准备参加婚礼。婚礼当天，人们按照鹏鹏的指示在一家饭店门口集合，却被告知当天根本没有婚宴。傻等半小时后，鹏鹏打来电话说通知错了地方，他已经租好面包车来接大家，从此再无音讯。

我问过几个同学，这是不是鹏鹏蓄谋已久的报复？他们并不这么认为。那为什么呢？他们撇撇嘴："可能还是傻吧。"

这便是我能想起来的所有关于鹏鹏的故事。我原以为，我从这个方块字垒起来的迷宫里走出来时，会得到一个起码令自己满意的答案，但看样子是办不到了。

我眼前一遍又一遍浮现出鹏鹏遭受欺负的模样：他的衣服上满是鞋印和污泥；他孤零零地站在一间教室的中央，噘着嘴，鼻涕正不急不缓地流下来。在另一间屋子里，那个被按比例放大的他也站在中央，但他的脸上一片模糊。

我作恶了吗？夜空里的钟摆来回晃着，轻轻触碰我大脑空间的边缘。

磁力男孩

文_孙君飞

1

多年以后，我才意识到事情有些奇妙。

譬如，我的小舅舅竟然只比我大一岁，我们可以做两枚同样的铁钉，被并排钉在乡下的马车上。

那时候，我就是一枚小铁钉的模样，瘦弱、纤细、倔强、紧张，遇到雨天还会生锈。小舅舅其实是最不像小铁钉的，他是风一样的男孩子，永远奔在最前面，而我紧随其后。

“舅舅，等等我！”

但是他只管一路飞跑，鞋底摩擦着地面，仿佛地面在骄傲地投掷着标枪。他的影子裹挟着我，我追得心脏都是疼辣辣的——他多么像一个自满、沉默的小国王啊！

跑着跑着，他还会突然“失踪”。“失踪”的次数多了以后，我往往能够在高大茂密的树冠里找到他——爬树对他来说易如反掌。他是怎么做到的？某一刻，他肯定变成了一只手脚细长而敏捷的猴子，这可不是退化，而是进化。他扔下黑紫或亮白的桑葚，扔下饱满得即将尖叫的梨和苹果，最坏的是还会扔下成熟得即将融化的火红柿子，“噗”的一声砸在别的孩子身上，像遭遇一团烂黄泥，吃又吃不得，擦又擦不得，回到家里，可能会挨骂挨打。但下一次，倒霉的孩子还要跟我的小舅舅玩，在一起玩时得到的巨大快乐，抵消了这种烦恼和苦闷，甚至——小舅舅就有那种本领，能让别的孩子觉得“被欺负”也是一种快乐。

被狡黠的小舅舅欺负过的孩子多了去了，有时候他就是一个不折不扣的大坏蛋。他喜欢惹人抹眼泪，他允许你恶狠狠地骂他一句，但不喜欢你一直婆婆妈妈地骂下去，否则他会从自己的乐园里将你开除。被孤立的日子谁愿意过？他不大记得你的憋屈和痛苦，他高兴的时候，希望身边的孩子都快乐：他会跟每个人分享自己偷来的青萝卜；他的小人书也会免费让每个人看；他带着“老黑”打到一只野兔，在篝火堆上烤得直冒油的兔子肉，所有在场的孩子都有一份；他还会拿芦苇叶仔细包了剩下的兔子肉，

带回村子，让其他没有到场的孩子享用。他可真会感动人呐，没办法，他就是一块天生的小磁铁。

没有例外，我也被小舅舅欺负过，这才显得公平呀。他也曾经将一个熟透的柿子投掷在我的手心里，当然是故意的，这才算是欺负人嘛。他没有忘记他是我的小舅舅，仅仅比我大一岁的小舅舅，他只把麻烦丢在我的手指间，而没有砸向我的头发或肩膀，够体贴吧。我咬着牙不哭，一个女孩子匆忙跑过来，开始帮我清理糊满两手的烂柿子泥。我想哭，但终于没有哭，我绝不是软柿子一样的男孩。我想扯开嗓子吼一声，能吼多响就吼多响，躲在树上的那个人，我突然很恨他，我再也不准自己叫他舅舅！

我坚定地离开了外婆家，小脚的外婆在我身后急匆匆地追赶着，她不解地感慨：“看这孩子！”那个可恶的人永远消失了才好，我气呼呼地想，忍了很久的眼泪终于落下来。

2

“我们要去偷一根马尾巴上的毛，套了知了烧着吃，你去不去？”

不知什么时候、什么原因，我又跟他相见了，真是没志气！我还真的跟着他去偷马尾巴上的棕色长毛，他教我怎样用马尾毛打活结，怎样做一根顺手的套知了竿，小铁钉的头又靠到小磁铁的头上，这难道就是命运的力量？他套知了的本事可真大，大人们喝一碗茶的工夫，他就套中了几十只长着翅膀也飞不走的知了。每一次收回套知了竿，他都请我取下“知了知了”乱叫的小小猎物，而且默许我装入自己的口袋。当我用手紧紧捂着满口袋的大嗓门虫子，我又在其他小铁钉面前赢回了自己的面子和荣耀。

就这样，小舅舅又轻而易举地得到了我对他的喜欢和信任。在这之前，恐怕他还收获了自己的威信和他人的忠诚。这样的一个男孩，头上不长角，也是乡下小天地里的小国王。面对快乐的诱惑，小铁钉们不也是无力抵抗？

他的本事真的很大，他神不知鬼不觉地骑到大树上，而且就属他爬得最高，看得最远，看那骄傲的样子，似乎整座村庄都是他的。多年以后，我看到一个故事，里面说有个男人骑着马在森林的树冠上走来走去，如同在巡视自己的王国，我就禁不住想起小时候的舅舅，他使我不由得相信了荒诞的故事，而且更加喜欢这种梦幻般的故事。

就连钓鱼他也是高手，他不像大人那样正经，仅仅是钓着玩儿也能钓到满竹篓活蹦乱跳的鱼……最离奇的一次，他竟然自制鱼钩，钓上来一只圆圆的老鳖（连大人们也从来没有钓到过吧），让我们好一阵亢奋。他一直在水缸里养着它，就像在养着自己的一枚勇士勋章，而且勋章还会慢慢长大。

他还尝试在图钉上用电制造闪电；他做的花灯能够飞上天；当我们都认为萤火虫很难养活时，他却用掏空的甘蔗帮助萤火虫活得好好的。那时候，我喜欢在墙壁上、石头上涂鸦，他竟然给我找来了最漂亮的红色颜料。

“舅舅，你从哪里弄来的？”

“我养了胭脂虫，是它们吐出来的！”

我心想他在骗人，但我乐意被骗。只有在他想象的世界里，才会有这种吐出红色颜料的胭脂虫吧！多年以后，我在书中发现世上真的有胭脂虫，生活在仙人掌上，真的可以用它们来制作最纯正的红色颜料。可惜我们这里不是热带，没有仙人掌，也就没有胭脂虫，然而它们从幻想里穿越过来，变成真实的存在，轻轻落在我回眸张望的世界里，这种感觉实在太奇妙了——眼睛一热，想流几滴眼泪吗？真有点儿！

这个仅仅比我大一岁的小舅舅，曾经有一次见我要将梨核儿扔到垃圾筐里，竟然叮嘱我：“别这么乖呀，随便扔！”我问为什么，他回答：“叫蚂蚁们拖走啊，蚂蚁们也要吃东西……”多年以后，我读到一首童谣：“随地扔掉的梨核儿，蚂蚁会吭哧吭哧拖回家。‘谢谢啦，可爱的坏孩子！’”我瞬间呆住，又惊又喜：我惊的是相隔那么遥远，诗人那里发生的事怎么跟我经历的一模一样？我喜的是天下的孩子在一些事情上竟然是相同的，诗人道出了真，动心的真或者惊心的真。在很多人看来，小舅舅无疑是一个“坏孩子”，但他是一个“可爱的坏孩子”，是不是？

3

就是这样一个“可爱的坏孩子”，在多年以后长成了大人，在距离家乡最近的小城里开了自己的小旅馆。我成了另一座小城里的小职员，变得有些胖，不再是小铁钉，而他也不再是小磁铁，失去了对很多人的磁力。我们的快乐来源也不一致，但当我们谈起小时候，我们的快乐又很快一致起来，他的身上又有了过去的那种磁力，我们又都得到了命运闪着微光的馈赠，这究竟是怎么回事？

“舅舅，那时候‘老黑’死了，你又带上‘老黄’领着我们满地里瞎跑……”

“怎么是瞎跑？最后，我不还是给你们弄到一只野兔，在雪地里直接烤了吃，那个味道，我现在还能想起来，你竟然忘了？好歹你还比我小一岁。”

“是啊，我说我有个比自己大一岁的舅舅，朋友们都很惊奇呢。”

“这有什么惊奇的！只比你大一岁也永远是你的舅舅，难道你有些不满意？”

“是的！”

其实我想说的是，这真的很好，感谢命运给了我一个这样的舅舅，而且让他在我们小时候那么与众不同，那么像充满吸引力的小磁铁！

我失宠了

文_关　念

意识到这一点，我有点难过。

事情是在不知不觉间发生的。

早上出门前我把她蹬掉的被子盖上说“我上班了”。她懒懒的，眼睛也不睁，梦游一样说了句“再见，妈妈”，翻了身，撅着小腚继续睡。

好像是昨天的此时，她说“妈妈，亲亲我左脸，再亲亲右脸”，亲过后，又说“亲亲我屁屁”，我咬了她屁屁一下，她闹着痒痒，“哈哈哈”笑个不停，小身体扭着麻花。

“妈妈，我爱你。”我问她哪里爱，“我耳朵爱你，爱听你

说话，听你讲故事，唱歌，还喜欢你咬我耳朵。”

好像也是在不久前，我起床都小心翼翼，怕吵醒她，怕每天上演必备剧目：生别离。

她抱着我的脖子，把鼻涕眼泪都抹在我脸上，“妈妈，你别走啊，你不能不要我啊，不要留下我一个人，你要第一个来幼儿园接我啊。”上班的路上，我流着泪。

三岁的时候她说，“长大了，我要和妈妈结婚。”我愉快地答应了。“你们班谁的妈妈最漂亮？”她总是用不容置疑的口吻说“当然是六六的妈妈啦。”然后我也回复她“你们班最漂亮、最可爱的小朋友当然是六六啦。”

最近我每周抽出一天送她上幼儿园，道别时她象征性地亲了我一下，说“妈妈你走吧，你上班忙，不用看我做早操了。”转身就奔过去和一夜不见的小朋友玩去了。

我悻悻地离开，想起过去兢兢业业做她的观众，她的眼睛不时地在人群中搜索我。

放学时，小朋友们不再像以前一样趴在窗玻璃前，鼻尖挤成一个个小的平面，他们依旧在教室疯玩，谁家长来就把谁叫走。

手拉手走在回家的路上，她问我：为啥你不能像阳阳妈妈一样穿这么高的高跟鞋，带亮晶晶的耳环，把嘴唇涂的很红很红？还问过：你为啥不能像牛老师一样陪我跳舞？

昨天她问我：妈妈，我长大了和谁结婚？我们班皮皮有点矮啊，木木爱生气，当当老跟我抢玩具，还是跟你同事家那个大哥哥吧，他会照顾我，可是他没有白子画帅，也不会飞，还是算了吧。

她还不到五岁，却经常思考这个问题，显然已经把我排除在考虑范围之外了。

我不再是她心中最美丽，最受宠的人啦，我的地位连连下降，快滑到谷底，这是我始料未及的，我送她上学，想让她学会与人相处，懂规矩，有见识，并没有料到她会在情感上距我越来越远。

晚上给她读书，她说小羊应该这样“咩咩咩”叫，你没有老师学得像，老师讲故事还带动作呢？我问是谁给他梳的头，她说“牛老师啊，漂亮吧？”

我批评她“再不起床就打屁股了”，她反驳“你一点都没有老师温柔，老师像妈妈，妈妈像老师。”她一句话让我灌一肚子醋，“那你让老师给你买买芭比娃娃，买裙子，让老师带你去全世界旅游，生病了让老师陪着你、喂你吃药……”

我要陪她给芭比娃娃换装，她阻止说“我想和小朋友一起玩，你送我去她们家吧。”从小朋友家回来又说：芮芮妈妈都给她棉花糖机，你为啥不给我买？

我是个自信而且知书达理的妈妈，但是她的话还是让我反思。

年龄渐长，孩子会有一个对漂亮妈妈的想象，不要小觑了她的审美。于是我按她的意愿化点淡妆；改变之前的黑白灰，穿戴一些闪亮的衣服和饰品。让她以有这样一个妈妈为荣，而不是带不出去的羞涩感。

我努力像幼儿园老师一样把绘本读得声情并茂，模仿各种小动物叫；克制情绪，不高声训斥她，向着温柔靠拢；还要研究围棋棋谱，控制输赢局面，不让她嘲笑我笨。

她在我眼中一直是美丽的小天使，带给我很多快乐，即使她算10以内的加减法还要板着指头数半天，我也会感激上帝让我牵着一只蜗牛去散步的良苦用心。

李银河说起自己的智障儿子壮壮时一脸幸福：“我觉得他懵懵懂懂的样子就像一个可爱的小动物，我羡慕他的童年比一般的孩子长了。”不管什么样的孩子在父母眼里都是美的。

我看青山多妩媚，青山看我却不如是。为了遏制失宠的趋势，我向她撒娇，“我生病了，头疼。”她赶紧放下手中的ipad，过来摸摸我的头，“大宝贝，别难过，我会照顾你的。”然后烧水，冲药，吹凉了喂我喝。我一如往常发自内心地说了句“有闺女真好啊。”

我参加她的每一次亲子活动，看她的每一次演出都用最大分贝音量喝彩；看她穿着旱冰鞋终于能独立行走，学会了骑没有辅助轮的自行车我就立即祝贺她；每天晚上睡觉前互道：宝贝，晚安，做个好梦。不让她做的事，都认真给她解释原因。

龙应台说：所谓父母子女一场，只不过意味着，你和他的缘分就是今生今世不断地目送他的背影渐行渐远。

父母亲于一个20岁的孩子而言，就像一栋旧房子：你住在它里面，它为你遮风挡雨，给你温暖和安全，但是房子就是房子，你不会和房子去说话，去沟通，去体贴它、讨好它。搬家具时碰破了一个墙角，你也不会去说“对不起”。

但是年岁渐长就越来越明白，于我们而言，父母是旧爱，子女是新欢，爱是向下传递的。

我逐渐意识到，我的失宠，他们也曾遭遇过。

我打电话告诉妈妈过几天回家，她好像有点受宠若惊。

爸妈不在家

文_胡　子

父母和我在一起的时间很少，少到我妈做梦，梦里的我还是5岁的样子。而5岁对我来说又实在太小，小到记忆里只有坐在爸爸的单车上，连他的脸都看不清。我读四年级时，家里建房子，父母在家待了一年。年底有人来收账，他们坐在灶屋里，火光映在脸上。那年家里经济不太好，我第一次听到钱紧的说法。

房子建好以后，他们又去了外地。我妈在柜子里留了一点钱，用信封装着，还附了几句话，说希望我好好读书，听奶奶的话。信是姑姑念的，她念完就哭了。我觉得心里空空的，但没有多么舍不得他们，因为和奶奶在一起的日子更自在，她不催我写作业，不催我吃饭，从不打我，给我的零花钱也比其他孩子的多。有次上学没有钱，奶奶跑到邻村跟人借5毛钱，她说："凤鸣啊，实在没得钱了，你先借我，等卖了鸡蛋就还你。"

小学毕业那年，父母答应接我去他们那边过暑假，我兴奋得不得了，跑去堂姐家说。天快黑了，堂姐和堂弟坐在床上看动画片，隔着蚊帐，堂弟一言不发。我知道我的运气比他好，伯父伯母的薪水比我父母的少，没办法接两个孩子过去。

父母白天上班，我被关在家里看电视。南方台、翡翠台、本港台，看不完的电影和电视剧。晚上大人带我上街，喝糖水、吃烧烤、买冰西瓜，这些在乡下想都不敢想的东西，这里都有。这个新鲜又好玩的世界，我怎么也看不够。回家前，我妈为我准备学费，把钱缝在内裤里。她没多少钱，算来算去，听得我心烦。我知道这次回到乡下，就很难再看到这个流光溢彩的世界了。

乡下的日子那么闷，那么长，好像永远也不会结束。我在房子里走来走去，看腻了墙上温碧霞、周海媚的照片。我在地上堆麻将，一圈一圈往上堆，再一个一个抽走，直到轰然倒塌，麻将砸在地板上，弹啊跳啊，噼里啪啦地响。我每天写流水账日记，末尾写着："今天是离开XX的第几天。"

后来上初中、高中我都是跟奶奶生活在一起。奶奶养我的这些年，她不太和我讲做人的道理。建房子以前，隔壁邻居欺负我们家没人，排水沟对着我家的土砖墙，一下雨，雨水冲个不停。

奶奶和他们吵过架。村上修路，要挖我们家的山，奶奶和他们吵架，昏倒在地。山里有人修墓，都压到我爷爷坟上了，奶奶日夜守在那里，不准他们开工。在别人眼里，奶奶是个泼妇，不讲道理，可是隔壁邻居落难，儿子得了癫痫，一到农忙时节，奶奶就跑去他们家搭手。因为修路和奶奶吵架的那户人家，儿子找不到活儿干，奶奶打电话给叔叔，让叔叔给他介绍工作。因为姑姑要离婚，她的婆家因此恨透了我家，到处讲坏话。奶奶去别人家里，那人说："九老娘啊，你往后再也莫来我屋里了，别人会讲闲话。"后来，这人得了眼病，奶奶还去他们家帮忙腌咸菜。奶奶对我说过最多的话是："你要咬牙，要争气，多读点书，莫给别人看不起。"

长大后的我一直没办法和父母亲近起来，我知道我没办法解释清楚。我爸有时候闲得无聊，电话里本来聊得好好的，忽然提一句："你小时候的那些阴影，为什么不能忘记呢？"这种情况下，我铁定要骂人的，我知道自己这样很差劲，我心里都明白。所以，我只能努力让自己变得好一点，希望将来有能力亲手养大自己的孩子。

我爸让我忘记的童年阴影是没有安全感。他大概不会懂一个孩子躲在被子里偷偷想父母的心情；他大概不会懂一个孩子趴在窗台上看着别人家过节的心情；他大概不会懂一个孩子每长大一岁，就跑到空旷的操场上痛哭流涕的心情；他大概不会懂一个孩子和老人坐在昏暗的灯光下，听到外面有猫头鹰叫，这个孩子拼命担心奶奶要离开他的心情。

一个孩子需要的究竟是什么呢？我想，应该是和一个人的亲近。一个大人需要的究竟是什么呢？我想，应该还是和一个人的亲近。

老　管

文_赖　宝

不出意外的话，老管会是我一辈子的朋友，因为我没见过他这么傻的人，不是实在，不是憨厚，不是谦让，不是执著，就是傻。我这么说不是因为他傻所以好骗，我才把他当朋友，而是因为对这样的人永远不用有戒备心。如今的社会，人言人语人眼人心已经复杂到雾里看花、水中望月的地步，我属于那种瞎仗义、很难张嘴说不的人，所以被骗过很多次，而在老管这儿，我到死都不用担心这一点。

认识老管时我刚到北京，去一家公司上班，老总还不错，帮我找房子租住。老管就是公司安排帮我找房子的人——公司后勤由他负责。第一次见面，他陪我走了几家中介，看了好几间房子，从上午折腾到下午四五点。在最终签下的一所一居室内，老管打电话给老总说房子找好了，时间也不早了，申请直接下班。获得批准后，我琢磨着客套几句他就该走了吧，我好收拾收拾啊。但老管特别踏实地坐下了，毫无征兆地和我聊起了他的恋爱史……当时我满脸黑线，都看不出白底儿了。

老管聊得兴致盎然，从初恋聊到与第二个女朋友刚相识时已经快过晚饭的点儿了。我委婉地逐客，看了下手机，夸张地说："哟，都这个点儿了，管哥你得回家吃饭了吧？"老管大手一挥："咱俩去楼下找一家吃，顺便喝点儿，再聊聊！"那是我和老管第一次见面，结局是聊完他第三个女友也就是现任女友时已是晚上12点。那种抓狂的感觉，我在日后和老管聊天时经常提及，每每说起我都咬牙切齿，说当时脑海中就一个念头：为什么要逼我杀人呢……老管在近视镜后眨巴着眼睛，反问："啥意思啊？"

是的，在老管面前我特别有无力感，没存在感。我是个聊天爱插科打诨、接下句逗乐的人，但老管的反应何止慢半拍，总是在聊天中我抖了一个自己都觉得可乐的包袱后，老管一定不笑，而是一脸茫然地问"啥意思啊"，或者"然后呢"。和谐社会把他救了，不然在和他相识的初期，我都能对他手起刀落1000多回了。但久而久之，我开始觉得好玩了。我抖包袱后，他的反应总是让我捧腹，尤其是好几个人聚在一起喝酒时，我说个笑话，大家都乐，就老管挨个儿问啥意思啊、给我解释解释啊，于是全场第二次笑喷。

认识久了就发现，老管不是装的，他是真的反应慢。经常是头一天晚上我和他一起吃饭聊天说了什么，第二天会接到他的电话，一连串“哈哈哈”后特别兴奋地说：“宝啊，昨晚你说的那个我想明白了，太有意思了……”我和他的友谊就在一次又一次我从上述这种崩溃中挺过来后日久弥坚。就像认识很久之后我好奇地问他，为什么第一次见面就和我聊情感经历，老管回答说他下午回忆起我上午和他说了什么特别好玩，觉得我是个特别有意思的人，于是就想和我聊……这理由算哪儿跟哪儿啊?

老管的傻还表现在感情上。他的前两任我不曾得见，不好评价，但我刚认识他的时候他那个女友倒是经常见。在我对老管的认知还停留在“这人是不是有病”的阶段时，他已经视我为好友，常约我吃饭。第一次见到老管的女友，就很明显地感觉到她并不喜欢老管，那种躲闪、厌恶及不耐烦，包括离席接电话的鬼鬼祟祟，让席间与我不相识的另外几个朋友互相用眼神传递诧异和不解。而老管对这一切毫无察觉，还眉飞色舞地和我们憧憬未来，计算婚期，迟钝得让人心疼。

我一直好奇，那女的不喜欢老管为什么要委曲求全，直到后来知道那女的买车从老管手里借了好几万块，我恍然大悟，也深

知这钱算是肉包子打狗了。后来稍微混熟了些，我拐弯抹角提醒老管，他却横眉冷对，称绝不可能。而实际上，那女的不喜欢老管这个事实在我们朋友圈里人尽皆知。我绝不是第一个提醒过他的人，但他油盐不进，相信自己一定能创造奇迹。

事实证明，人不能太自信。当老管打电话说他分手了的时候，我毫不讶异，甚至长吁了一口气。我问他要不要陪他喝点儿，他嘿嘿笑着说不用，多大点儿事啊。我说你当着我的面装不难受，没人会以为你坚强。我希望他能哭出来，这才正常，但我们打了一个多小时的电话，直到挂断他也没有哽咽之音。我躺在床上不踏实，最后还是大半夜打车去了他家。他不在家，打电话得知，他打车到了我家楼下。这个酷似电影桥段的情节，让我和老管升级为真正的好友。窃以为这种我有事只想找你聊聊、你有事我担心得看看你的情义，才是真正不以时间为概念的友谊。

后来我们相继离开公司，他东拼西凑开了家湖北风味的馆子，菜馆名都没想呢，先租了门市，买了桌椅厨具，甚至从老家湖北招聘了大厨，大肆装修的时候才找到我说饭馆还没想名字呢……我已经习惯他的风格了，于是临危受命火速准备文案，从门口的对联、室内墙壁上的菜系介绍到菜单上的菜式名称，老管全扣我脑袋上了。好一番折腾，终于一切就绪。开业前一天老管如释重负，宴请我和几个好友，还有大厨及各岗位的员工。老管大醉后大哭，将那段时间以来的压力和劳累释放，把大厨骂跑了。次日醒酒后惶恐，我们几个朋友只好各显其能解燃眉之急，最后终于找到一个贵州厨子……后来有食客赞扬：“你们这家湖北菜馆的贵州菜真地道！”

毫无疑问，馆子没开多久，因为老管展开了一段新的恋情，据说对方是他菜馆的原料供货商，他为了爱情毅然离开北京去了上海。我支持这种爱情至上的选择，但你说一个贵州厨子掌勺的湖北菜馆在上海进原料……这如果都不叫傻，那就只能称之为高深了。

幸好歪打正着，现在老管已经结婚。如今我和老管分处异地，但联系不断，他来北京或者我去上海必然相聚。当然，他依然听不懂我的笑话，我也依然被他茫然的表情和不断的追问逗得捧腹。在我看来，这才是幽默的最高境界。老管是最可爱的那种人，试问这个世界上，真正在你身边，总能让你毫不提防、开怀大笑的人有几个？我很幸运，有个朋友是老管。

哥　哥

文_玛雅绿

这一次，我们坐下来聊天

哥哥大我6岁，属龙。

有一年冬天回家过年，我途经省城，恰好他也在，他正在喜滋滋地给自己买人生的第一辆车。他邀我索性等他几天，搭顺风车一起回家，我想想也没要紧事，就等等好了。

这么多年来，我们很少坐在一起聊天，一是因为年龄差距，二是因为性格迥异。他从小懂事孝顺，而我则是叛逆古怪的代表；长大后，他是“父母在，不远游”，我却能跑多远就跑多远。见面的机会本不多，加上成年后他比小时候更寡言，以至于我们对彼此的了解，很长一段时间以来都还停留在少时，一直未更新。

没想到终于有了一次机会，让我们能好好地聊聊天。

聊现实困境，聊社会新闻，聊男女差异，聊儿女情长，聊精神的瓶颈与所得所失，聊生命属性是如何如梦如幻如泡影，聊幸福其实要靠天伦之乐而非个人成就，聊爸妈一辈子悲剧的个人情感与完满的家庭模式之间的矛盾……我们第一次交换着这么多年来各自的喜怒哀乐、内心变迁，也交换着彼此的荣光和狼狈。

我分享给他这么多年来我去过的地方和见到的趣人趣事，且尽可能讲得绘声绘色，潜意识里甚至希望自己就是他的一只眼，因为他已没有如我一般的自由。我知道其实他有两颗心，一颗安放在父母身边，还有一颗是天大地大任我行。

我记事的时候，他已经小学四五年级了，暑假经常能看到他背着泡沫箱走街串巷地卖冰棍儿，有时也能看到他去捡酒瓶儿卖废品，或者是去摆地摊给人借阅小人书，看一本两分钱……他赚的钱一分不花，回家悉数交给我妈贴补家用。

他的早熟懂事并未让他少挨揍，他在河里山里流连忘返，他玩着那个年纪的男孩子都爱玩的游戏，只是他玩得更高端而已。别的孩子玩到最后就是破坏力的呈现，而他则是化腐朽为神奇。

他上初中后，竟然无师自通地学会了修表、配钥匙，他有自己的工具箱，是亲戚邻居信赖的免费修理匠。他可以做出自动捕鼠笼，也可以用枣木刻出月饼模子，甚至可以纯手工给自行车做出防滑链。他会画画，而且画得很好；他集邮、集火花都很专业；他看中医的书和《周易》；他听古筝和二胡；他在学校里的物理成绩极好；就连玩游戏他也比我们玩得好，比如《俄罗斯方块》和《魂斗罗》，没人能比得过他。

他的天赋让我们望尘莫及，而他的品行更是甩出我们几条街。

桌上有陈馒头和新馒头，他从来都是主动拿陈馒头；有剩饭他每次都主动请缨去消灭；下雪天，看到路边的老人，他会主动骑车载他们，然后回家被我妈骂万一摔着人家怎么办；初中时同学给他一个苹果，他舍不得吃，带回家一切两半，放到已经入睡的我和弟弟的枕头边；爸爸出差时，他会毫不犹豫地允诺每天负责接送我和弟弟上下学，有次大雪天，他放学晚，怕我和弟弟等得着急，一路把二八“飞鸽”骑得飞快，等骑到时他眉毛上都挂满了雪花，我和弟弟笑他是“白眉大侠”。

……

我们都觉得他将来肯定最厉害最有出息，因为他就是课文里的好少年。

一再退守的人生

他考上了挺好的中专，偷偷翻他的笔记本，有同学给他画的头像，旁边写着“神童某某某”。3年过去了，他被分配到中铁某局做建筑预算类的工作，爸妈都很高兴，从此家里多了一个18岁就能挣工资的人。

他每年大半时间都在出差，带回家的东西有信阳毛尖也有青岛咸鱼，有玉石象棋也有胶片相机……看照片就能知道那个时候的他有多么的意气风发，外加年轻帅气人缘好。

没过多久，一直在边工作边学习的他又考上了上海交大，全家都为之高兴不已，但电话里的他却没那么兴奋，3000块的学费让他犹豫了。历来都极为重视读书的爸妈一听，让他别担心钱，只管去。但不管爸妈怎么说，最终他还是放弃了，他觉得让不宽裕的家庭再添负担于心不忍，自己能帮父母多挣点钱更重要，因为他的弟弟妹妹都要一个接一个上大学了。

两年后，春节的时候，我们发现他好像恋爱了，他会偷偷打电话，神情还很甜蜜。追问之下他才说，身上穿的黄色毛衣就是他喜欢的那个女孩帮他织的，她与他在一间办公室。

又过了一两年，忽然有一天，他回家了，与从前的神采飞扬不同，他瘦得不成人形，几乎不讲话。我有一次去他房间取东西，看到他一动不动地蜷在床头，看着窗外流泪，那样子让人既痛心又害怕。后来我从妈妈那里知道他失恋了，那女孩儿最终选择了他们办公室科长的儿子，个中缘由也不清楚。他的样子让爸妈心疼又无奈。

他不想再回那个单位上班，跟爸说要把工作调回老家。一段儿女情长就让儿子无心志在四方，还是长子，这让父亲多少有点儿失望。

一辈子不擅社交的爸爸，最后总算找关系送礼将他调回老家，安排在一个月薪只有700多块的单位。从此，在一个只讲拍马屁和人情关系的小地方，他的才华只能收进囊中，再无机会施展了。我们都为他惋惜，因为那个曾经会带给我们外面世界新鲜空气的哥哥已经变了。

日子一天天过去，我上了高中，也越来越不欣赏他的沉默寡言和“懦弱”，而他也显然不怎么欣赏我，因为他经常会皱着眉头说我太自私任性。尽管如此，高考填报志愿的前夜，也是他熬了一整夜耐心帮我理好备选大学的名单，而我早已呼呼大睡。

很快，他开始相亲，面临一切世俗的考量和羞辱。尽管如此，他从来都是一边毕恭毕敬地应付着七大姑八大姨的张罗，一边又沉默地面对着自己内心的标准，而这两者从根本上无法调和。

他渐渐被夹击到了必须二选一的地步。很遗憾，他选择了放弃自我。他很快就结了婚。他以为自己可以如人所说“过日子要

什么感觉”，也以为“不过就是些柴米油盐”，可是日复一日，他与“过日子”无关的精神需求竟然越来越多，而这些却是他的妻子无法满足和与他产生共鸣的。

完全不适合他的婚姻如削足适履，绑缚了他所有的自由和好心情。在家庭责任感和自我压抑的无解矛盾中，他毫不意外地陷入了中年危机。

自爱方能爱人

在他的人生中，每个关键节点他选择的都是退守，于他自己而言也并非无知无觉，但为什么还是选择了牺牲自我成全些别的什么？每次他都认为是值得的，可是真的值得吗？

他难道不知道，他完全可以去读他的大学，再赚更多的钱来帮助家里，也完全可以换个办公室眼不见为净，发展自己的事业？选择一桩不如意的婚姻可能会面临什么，他难道真的不知道吗？

我想以他的智商和情商，他不会不懂。

是什么让他从一个善良、聪明、前途无量的少年变成了一个表面上寡言庸常的中年男人，这中间到底是什么在起关键作用？环境的落差、命运的造化，还是自身的无知？好像都不是。

小时候，有一次他问我：“你说人为什么活着？”我说：

“不知道啊。”他很有把握地在纸上写道：“为了爱自己的人和自己爱的人！”我茫然地记住了他的话，而他，却将那句话付诸行动……

他重情而求心安，也比我们更无私，他实践着他随时准备牺牲自我的爱，但他的不幸却让他身边的人越来越不能放心和安心。

也许那次聊天我忘了跟他说的是，真正尊重爱、在乎爱的人，是该让爱双向流动的，也必须让内在的自我与外部的世界取得平衡。爱从来不是对意志的服从，也不是形式上的委曲求全，更不是简单的放弃自我，而是最终要自己幸福，再帮助别人幸福，让自己在乎的人放心，那可能才是爱的最终胜利。

也许我还忘了告诉他，当那个曾经自私任性的妹妹终于慢慢学会了付出和妥协时，那个无私懂事的哥哥是不是也该学会爱自己、坚持自我呢？

谨以此文分享给你，我亲爱的哥哥。

尽情奔跑在最青春的时节

文_邓毓博

我到现在都还记得高中那会儿，坐在各种参考书堆成的小山头后面埋头做卷子时，班主任经常温柔地给我们打气：“你们现在辛苦一些，考进大学就自由了，想干嘛都行。没有老师会盯着你们做作业，班主任不会天天在窗外偷偷监视你们是否在学习，谈恋爱也是合情合理的……”于是，包括我在内的一大帮同学天天憧憬着大学生活，无比向往。我们觉得，大学是自己被严重压抑的躁动的内心最期盼的世外桃源，不，应该是人间天堂。

想必是受到了这种潜移默化的影响，从走进大学的那一天起，我就立志要在这儿过得风风火火、潇潇洒洒，要把高中时代想做而不敢做和在大学应该做的事情一件不落地做一遍，比如经常逃课，以至于老师忍无可忍地把我从宿舍叫到教室里痛批；不但要谈恋爱，还要结识一大堆其他专业的女同学才觉得有成就感；和宿舍的哥们儿半夜翻墙跑到校外喝得酩酊大醉，几个人排成一列在马路上踢正步；把宿舍电线接到楼道里的电灯上偷电，通宵玩游戏……如今想想，除了没有好好学习，其他的事都酣畅淋漓地经历了一遍。

如果一定要翻出一些我在大学期间的业绩，可能也只有在学生会的履历了。大学三年多的时间里，我几乎将学生会的工作视同事业，一口气干到兰大学生会主席、全国学联副主席。眼看着身边一起进入学生会的人不断退出，有的抱怨组织校园活动的付出与回报不成正比，有的抱怨内部竞争的阴暗，有的抱怨得不到展现自我的机会……可是我想说，抱怨就像一个黑洞，它不仅会让自己消极低迷，还会如旋涡般吸走你和身边朋友体内的正能量。只会抱怨，却不知道积极寻求改变，那就是地地道道的loser。所以，调整心态，珍惜每一次机会，以锻炼自己为目的，认真做好每一件事，终究会获益良多。

记得我还是学生会体育部部长的时候，我们要组织一次全校的大型越野跑比赛，因为缺乏经验，比赛当天的凌晨，我还在做筹备工作。那会儿的气温是零下十摄氏度，我手上冻裂了几个口子。我回头一看，发现其他合作部门的学生会成员都躲在教室

里，手扶着暖气片，隔着窗户看我在那儿忙活。那一刻，我觉得自己像个傻子，孤独感一下涌上心头，觉得无比委屈和不满。但我咬牙坚持下来以后才发现，那些经历在潜移默化地影响着我，让我知道如何待人接物，如何与团队沟通合作，如何以平和的心态面对各种不公与阴暗……这些都为我现在的创业奠定了良好的基础。念念不忘，必有回响。当你不明白当时的经历会给你什么的时候，别急，总会有那么一个瞬间让你明白，你所有的付出都那么值得。

也是因为在学生会投入了太多精力，我的学业受到影响，成绩在班里只算是中等，这也反映出我对时间的利用和管理很不到位。本科期间没有认真学习，这是直到今天我都十分后悔的事。最后我选择读硕士和博士，更多的是为了给自己一个补偿。可实际上，研究生阶段的学习和本科阶段的差别很大。所以，即使你想在大学里“潇洒走一回”，也不要觉得书本上的知识不重要。专业课程的学习，一方面，可以奠定良好的专业基础和专业素养；另一方面，成体系的学习对于好的思维习惯的养成至关重要。更重要的是，它可以培养一种快速学习和掌握新知识的能力，而这对于今后进入社会面对新的工作意义重大。

说到这里，可能有人会问，怎么看待那些休学去实践、毕业去创业的现象呢？很简单，先问问自己未来想过一种什么样的生活，以及想成就一个什么样的自己。刚进校园时想不明白自己未来十年、二十年的路很正常，可最起码要想明白，自己毕业时究竟要得到什么：是一所知名高校研究生的录取通知书，是世界500强企业的offer，是带着打磨了两年的产品去创办一个企业，还是选择回到家乡踏踏实实做个公务员？当你用终点的眼光从起点开始展望，你就会明白自己下一步该如何走。

以我的个人经历来说，我并不主张一毕业就创业。因为创业是一条“不归路”，它要求你具备良好的综合素质和耐得住寂寞的内心，去熬出伟大，克服困难，并坦然承受失败。若你的心智还未足够成熟，我担心这种结果会对你今后的人生产生消极的影响。所以，如果没有充分的准备，也很难选择一个靠谱的方向走下去，就先按住内心的那只猛虎。有激情纵然好，但有时候，我们需要给自己泼一点儿冷水，提醒自己保持适当的清醒和理性。当然，假如你真的特别渴望走这条路，那就需要在大学里争取尽可能多的锻炼机会，打磨自己的心智，汲取每一次历练的经验，野蛮生长。

就说这么多吧，希望朝气蓬勃的你能经营好这独一无二的大学时光，在最青春的时节尽情奔跑！

人生孤独似云月

文_申 姜

我爸我妈当年养我那会儿，根本不操心我的交友问题。

在我们那儿，一开门，必定有三个熊孩子正在追你家母鸡，还有两个小的一把一把地往嘴里塞你家的樱桃。而我爸我妈就抄起大扫帚，连我一起横扫出去："去去去，外边儿玩去。"

街上的熊孩子跟蝗虫群似的，所到之处妖风四起，别说大人了，连猫狗都夹起尾巴缩到窝里装死。

到了饭点，妈妈们敲着锅，或者干脆敲家里喂鸡的大铁盆，"丫蛋（小虎）回家来，赶紧的，麻溜的"，然后把熊孩子一个个扯耳朵拽回家。

熊孩子们是偷鸡摸狗、上房揭瓦的捣蛋鬼，也是互相抄作业的同盟军。若大家一起同邻街的小学生打过架，那更加了不得。江湖儿女情谊长，结拜啊，歃血为盟啊，在父母不知道的地方，熊孩子们活得可热闹了。

可现在的形势全变了。

每个孩子后面都跟着紧张兮兮的家长。一个算少的，俩算标配，三个四个很正常。

孩子小点的，爹妈要目光炯炯地盯着宝贝疙瘩，穿衣服脱衣服递水递垫子打伞，外加拉偏架。

有个不足一米高的小豆丁，发现别人捡的树枝比他的好看，勃然大怒，悍然咬了那个小孩一口。这还了得！双方的爸爸妈妈爷爷奶奶很快加入战团。两个孩子睡了一觉，发现自家大人还在吵。

真是人生孤独似云月，不吵到赢不开心啊。

孩子大点呢，家长更遭罪。现在的小孩营养好，跑得快，家长们能不能追上得靠人品。

“某某，给我站住！”这句话总被吼成各种方言在小区上空回荡。

专家说了，各位家长要学会放手，要培养小孩子独立。人家自己玩，关你们什么事?

冤枉死了，你以为家长们想掺和吗？电视广播，还有那万恶的QQ群，每天必发“各位群友请小心，某地出现拐孩子新招”。

谁都知道世界上有一种人，叫做智商低很自豪，平生不羁爱造谣。但身为家长的你敢冒险吗？就算周围安装100万个摄像头，我也不敢放小孩自己出去玩啊，一分钟都不行！

但孩子不干了，她被圈养得热泪盈眶：“妈妈，我想出去，我想跟小朋友玩。”

“好，咱出去找小朋友！”

我牵着她的小手，堆起最标准的露8颗牙的笑容，开始和人家爹妈套近乎：“您家孩子长得真漂亮！几岁了？多高了？在哪儿上幼儿园？看着和我家的孩子差不多，让他俩玩一会儿吧？”

遇到淳朴点的还好说，大手一挥：“去玩吧，别吵架啊。”遇到不爱说话的，人家就装没听见。

过了家长这关，小孩那关你以为很好过？不知道现在的孩子是不是被管得太狠，一个个逮到机会就有一样学一样。

“你要听我的话，我才和你玩。”

“别碰我的玩具！”

“你是谁，我不喜欢你！”几次下来，我女儿迅速成长为一个脸皮厚脾气好的小孩。她见缝就钻，顺杆就爬，只要你和我玩一会儿，什么条件都可以。

我看得都心疼了，跟她商量：“我们回家好吧？让那小子一个人淘水玩吧，祝他早日把湖底淘干！”

我姑娘忽闪着大眼睛：“不，妈妈，我不想一个人玩。我很寂寞。”她像大人一样露出了无奈的表情。

我想我比她幸福多了，至少我在5岁的时候，是不明白“寂寞”这个词的意思的。

少年酒

文_许冬林

许多年前，还在读书，坐在靠窗的桌子边。窗外有一棵梧桐，满满抱一怀那么粗。秋天里，坐在窗子边看窗外落叶簌簌而下，衬着远方空阔无依的天空，甚是萧然。那时候，课余喜欢读港台小说，读得心思苍茫，常常拿钢笔在木制的桌面上写些伤感的词句，以此对景遣怀。黑色的方块汉字，断断续续，逶迤在斑驳的没有上漆的木纹之间，极其清瘦，残垣断壁一般。

许多年后，我的他跟我说，其实那时候他去看过我写的那些字。在一天早晨，教室里还没有人的时候，他一行行读了。“哀莫大于心死”，他说我写过这一句。我愕然。没有想过他会去

good bye!
我们毕业了!
Hot!
Summer Time
Strawberry
Hot!

看，而且，至今还记得。

也觉得突兀：我竟然曾经选择这样一个浓度稠厚质地坚硬的句子，来如此用力地表现一个少女的忧伤。只是忧伤啊，忧伤而已，心灵其实还是轻盈的、通透的。那样的句子，好比一壶浑浊辛辣的老酒，只适合暮年的末路英雄去喝，实在不适宜去浇灌江南雨巷里一个少年薄薄的忧伤。

少年时，我们表达自己的忧伤，太不懂得节制。

想起那时候班上还有一位女同学，喜欢上了某位男同学，跟他一道去街上的小馆子里喝酒，喝的是白酒。彼时是春天，雨过初晴，嫩黄的梧桐叶上有碎乱的阳光在轻捷地跳，她就在那样的阳光下从外面回来，踉跄着晃到教室走廊，然后靠在门边喊报告。已经上课了，数学老师按着大三角板在黑板上画几何图形，大家不看，纷纷把目光扫到醉酒的她身上。她眼泡红肿，不知道是醉的，还是醉后哭过。

白色的运动服上擦了泥印，沾了枯草屑，路上一定摔过。我们看她，有人无语，有人惊讶，但其实内心深处都有一种惶惶不安。

后来知道，那位女同学毕业后交过许多个男朋友，分分合合，至今孑然一人，仓皇得很。我想，从前那位和她一起醉酒的男孩子，她大约早已忘记，至于醉酒的事，也定然在后来无数场酒宴中混淆与消失。如果烈酒可以浇心中块垒，现在倒还真可以给自己偶尔斟一杯小酌。相比之下，从前喝酒，多么不应该啊！那时时光像新发的梧桐叶一样稚嫩而美好，那个男孩子还和自己在一个学校，离得那么近，没有前尘旧账的累赘，还可以一起长大，一起约定共同的未来，哪里需要一杯杯白酒来撑大场面，做苦大仇深状？更何况，只是年少懵懂单薄的喜欢，哪里能懂所谓的爱情啊！

而我那时候所经历的，也不过是成长过程中必然会遇到的小小的伤心，像雪花一样小一样轻，太阳一出来就会融化，何谈“哀”？更何谈“心死”？

为什么当年总喜欢用这样沉重的词语、这样沉重的方式去标榜我们的情怀呢？现在想想，到底是年少吧！明明是初试羽翼，却弄成了张牙舞爪。明明开口试唱，却兀自拔高了调儿，壮着胆在那里声嘶力竭，叫人看了笑话。因为年少，不知道好时光要算计着过，竟跑了题，去给自己兜观众去了，以证实自己的长大与成熟。

“如今识尽愁滋味，欲说还休，欲说还休，却道天凉好个秋。”现在我偶尔在博客里记流水账，顺带着隐隐幽幽发些怨妇声，但从不买酒寻醉寄托情怀，自以为已经足够节制我的情绪。可我的几个朋友依然不买账：这么幸福的小女子，还怨哪，矫情吧？我知道自己依然没有萧萧大风里慷慨悲歌的资格，我作怨声，在外人眼里，依然像当年在课桌上写悲伤词语一样幼稚可笑，像恋爱醉酒的女同学一样——

把情绪玩过了。是啊，我如今所困惑的，不过是看前路风烟迷茫。可是人生哪一段看前面有足够的绚丽与真切呢？哪一天不愁苦不忧虑不是暂得欢喜呢？还需要这样摆开阵势来强醉悲歌吗？

且收一收姿态，收一收寻醉的心，少年时胸腔那么窄、那么浅，实在装不下一壶酒所承载的衷肠。不如像埋下一坛女儿红一样，将欢喜与落寞悄悄寄存在流逝的岁月里，到老，谁都是一壶或温厚或辛辣的老酒。

瞎子是一条狗

文_格桑亚西

1

瞎子是一条狗，老狗。个头中等，毛色杂芜，瘦。混有少许獒的基因，血统不纯。因又瞎又聋，人们索性直呼其为“瞎子”，反正它也听不见。

参照人类的寿命，瞎子的年龄当在花甲以上，若是人，可以从容地下棋打牌，含饴弄孙，火暴些的可以加入老年“摩协”（摩托车协会），行走天下。

但瞎子是流浪狗，不入汤釜已属万幸，悄然倒卧在某个隐秘角落就是善终。但瞎子是条前世积德的好狗，今生得遇杜鹃谷温泉旅舍好心肠的店主。

我认得瞎子是在很多年前，稻城亚丁，夏末，刚刚在香格里拉团拜过仙乃日、央迈勇、夏洛多杰三大神山，正是眼神纯、心地善、胸怀间满是悲天悯人之感的“暖男”。

日落十分，骑摩托穿行在雪峰之下。宽谷里，漫坡上是敦实的石头民居，半熟的青稞青白相间，杨树叶欲黄未黄，在阳光中，整体色调有种法国印象派油画的感觉，生生把人诱惑得惚兮恍兮，仿佛宿醉。好不容易到谷底一幽静处，眼见路旁高坎上筑有屋舍几幢，招幌上书“杜鹃谷温泉旅店”几笔狂草，立马就走不动路了，原本雄赳赳的摩托车呜咽两声，知趣地熄了火。

不走了！心中只有这个执念。

一声呼哨，下来四个壮汉。两人趋前抓保险杠，两人殿后托行李架，沉重的钢铁被轻易举起，走过陡而长的石阶，上了高台。

然后，一条耷拉着花白尾巴的狗，大睁着混沌的眼睛，慢吞吞地靠过来，柔软的鼻子上上下下嗅了几遍，竟温顺地依偎着脏兮兮的我卧下来，紧靠着我的脚面，再不肯动。

那一刻，我油然就感受到杜鹃谷的亲近。

它定是捕捉到了我生命中那些隐秘的余味，那些连我自己都早已忘记的丝丝缕缕。那是来自雪山草原的味道，唐蕃古道的味道，石头玛尼堆的味道，青稞的味道，酥油的味道，牛粪火的味道，纯种藏獒湿漉漉的皮毛的味道，父亲抱我在怀里、给我讲治美昆敦王子的故事时他花白胡须的味道……这些都和先祖有关。

2

知道它既瞎又聋是在晚餐时。我拣一根肉骨头，招摇，呼唤，狗在不远处静静趴伏，无动于衷。

“它听不见。”

来自成都的店家踱过来，讲狗的身世。大约两年前，有人注意到小河对岸的榛莽中，有条黑狗似乎被荆棘困住了，它团团打转，左右挣扎，但怎么也不能脱身。后来，它索性认命了，不叫不动，一连几天。

店主于心不忍，差员工绕道很远，过河去，一番周折，半拖半抱，把奄奄一息的狗救了回来。屋檐底下有一个旧木箱，瞎子从此安顿在此，温饱不愁。

杜鹃谷旅店成了它的新家，它的养老院、庇护所。知道它又聋又瞎，主人并不嫌弃，唤它瞎子，亲切又悲悯。

日复一日，平淡安稳。

温泉一年四季都是热气腾腾的，旅店的生意则不然——春夏常常爆满，秋冬则门可罗雀，主人也在秋冬回到成都，开春复

来，如燕子。

瞎子在夏季和主人一起迎来送往。客来，它用依旧灵敏的鼻子蹭蹭，摇摇尾巴，轻叫两声，人走亦如此。大雪封门的日子，瞎子陪伴留下的员工，守着火塘，度过漫长而寂寞的冬季。

那时的森林里雪花飞舞，杜鹃谷风景凄清，温泉灼热而孤独地兀自流淌，让人想到川端康成的小说《雪国》中描绘的情景。

主人讲瞎子的故事，我信手翻游客留言。天南地北的人在纸页上的留言或深情或诙谐，有好多和瞎子有关。

“救一命胜造七级浮屠。”

“狗鼻子可以洞察人性的善恶。”

没头没脑，我心中冒出这两句话，杜鹃谷温泉旅店越发显得古道热肠起来。

3

完全没有大都会灯光污染的天空，星斗璀璨，星星密密麻麻地从我的头顶延伸到山边，无声地缀满天空。星宿古老，因为气流的关系，盈盈的，似在眨眼，如水钻。我泡在古木巨石间的泉池里，舒服得心尖尖都在打战，就想，能永远这样多好。

瞎子静静地蜷缩在池畔，陪伴着我，它内心只有单纯的依恋。夜深，它依然这样，只是偶尔抬头，朝向池水中我的方位，用鼻子在空寂中轻轻地嗅。

身体完全放松下来，思维就天马行空。

想象安静的长夜就是个温存良善的老瞎子，它没有世俗的眼，表面上什么也看不见，却心若明镜，朗如秋月。它是开了天眼的佛陀，人世间的爱恨情仇，宇宙的神秘、深奥，它都明了，都知道，因为明了所以怜悯，因为知道所以静默，它怕把结局说破，谜底揭穿，世间万物就没了信心，花懒得开，水不再流，温泉变冰凉，鸟不再飞，鱼不再游，所有的母亲也不再哺育孩子。

按照藏传佛教轮回转世生生不息的理念，不知道瞎子的前世是谁，也不知道它的来世将是什么——一棵静穆的树、一株狗尾巴草、一只孤独的狼、一匹行走的马？

我喜欢藏民族笃信的这种人生观，它鼓励宽恕、博爱、慈悲，既是万物有灵，就善待眼前的一草一木，珍惜萍水相逢的生灵，哪怕它在功利和世俗的世界中是如此卑微。他们视今生为暂住，灵魂永远在赶路，在朝圣，在游牧。

在这样的世界观里，看见可以用眼、用手、用心、用情，瞎子是用它灵敏的鼻子。谁言天地无德？天地有大爱而不语，有大美而不言，天地不老，所以人生有望，杜鹃谷有情。

就这样泡在亘古的泉水中玄想，高兴一会儿，感伤一会儿，高兴的时候揉揉瞎子的头，感伤的时候也揉揉瞎子的头，反正瞎子不说话，反正瞎子都同意，它只是伸出舌头，舔我的手，就这样任由情绪跌宕起伏到深夜。

温泉流淌，星星守岁，林中有风穿行，睡梦中有鸟儿在叹息，有大模大样或蹑手蹑脚的动物在走动。

这一夜，我睡得很沉。天亮了，该走了。

和昨天相似，四个人把摩托车举起，走下石阶，放在公路上。瞎子送我到大路边。知道这一走，我多半就再见不到可怜的瞎子了，它太老了，而杜鹃谷只是我行走历程中歇脚的驿站。

骑车跑出老远，停下，回头，笔直的道路尽头，还有个小小的黑点。

4

又是很多年。

很多年过去，我走过万水千山，对杜鹃谷温泉的主人依旧满怀敬意，不知他生意如何，只愿好人平安。

一事无成的人，没有真正的岁月静好

文_李月亮

1

初中同学杜杜的母亲肝不好，这两年愈发严重，她和弟弟日子都不宽裕，前段时间勉强凑够五万带母亲去了北京，本想住院好好检查治疗，结果等了一个多月都没住上院。

娘仨住着简陋的民房，每天吃路边摊，但日消费至少也要二三百。最后母亲捱不住，说什么也不等了，非要回家。

无奈，一家人只好开了些药，打道回府。

艰苦焦虑地熬了一个多月，花钱不少，母亲的病却没确诊，更没得到必要的治疗。杜杜特别懊丧。

其实除了母亲住院，她生活里还有一堆难事儿——单位要倒闭，可能过不了多久就要失业；女儿跟班主任闹别扭，想调班学校不同意；老公的单位拖欠工资，要了多少次都不给……

杜杜跟我说起这些，千言万语汇成一声沉重的叹息：人没本事，干啥都难啊！

我看着她眉间的苦涩，心里很不是滋味。

上学时，杜杜是我们班的活宝，她在哪里笑声就在哪里，连隔壁班的女生都喜欢她。

后来我们一起上了高中，她成绩一般，没考上大学，高中毕业后就到我们县城的酒厂上了班，很快结婚生了娃。

我去过她家。房子不大，但打理得井井有条。窗帘、沙发罩都是她自己做的，规整又漂亮。窗台上一大排花，旺盛浓密地开着，温馨又养眼。她老公也体贴，什么都让着她，俩人天天晚饭后去附近的公园遛弯。

我当时特别羡慕她的岁月静好，真心觉得这么过一辈子也不错。

可是日子不由人。生活终究还是慢慢露出了狰狞，慢慢在那个总是眉开眼笑的姑娘脸上，刻上了化不开的愁苦。

2

曾有篇很火的文章，叫《坐在路边鼓掌的人》。大意是，当英雄路过的时候，总要有人坐在路边鼓掌，所以，如果你愿意做一个善良的普通人，健康、快乐地过着自己想要的生活，也是很好的人生。

我九岁的儿子看过那篇文，当时没说什么。但前几天老师留了一份作业，申明“可写可不写”。

我督促儿子写，遭拒。

我照例用“更努力，才能更有出息”“吃得苦中苦，方有甜上甜”这样庸俗的道理规劝他。结果他忽然说：妈妈，人不一定多厉害，我也想成为一个坐在路边鼓掌的人。

我一时无言以对。

凭良心说，我知道这世上大部分人，都只能做个平凡人，所以我们不能逼着孩子必须成为英雄。如果他能做一个快乐的平凡人，那当然未尝不可。

但是，孩子，你真的知道一辈子“坐在路边鼓掌”意味着什么吗？

3

首先，人的本性，素来以强大、耀眼、在竞争者中取胜为乐，真正能从“永远为别人鼓掌”中获得乐趣的人，应该并不多。

如果你一生庸庸碌碌，一事无成，眼看着别人被簇拥，被尊重，被追捧，享尽荣耀，难保不会渐渐失去存在感，继而否定自己的价值，甚至心理失衡产生怨愤。

这世界多么现实啊！

一桌人吃饭，谁最有钱，大家的眼睛就盯着谁，挖空心思跟人家套近乎。

一群人开会，谁官最大，大家的耳朵就听着谁，说得好不好都有人拼命鼓掌。

一屋人闲聊，谁最出色，谁就是话题的中心，聚光灯永远打在他身上，轮不到你。

这个时候，你心里会不会产生不适？会不会发现自己当年为了逃避辛苦而说出的“甘于平凡”有多幼稚？会不会想到“如果我当年长点心，现在也不至如此”？

可是到那一刻，再遗憾再后悔，也无法弥补你当年的幼稚和懒散。

所以亲爱的，千万别低估人的本性，更别高估自己的境界，在你决定此生要做一个“在路边鼓掌的人”时，一定要问问自己，过得了心里这一关吗？

绝大部分人，其实是过不了的。

4

更重要的是，英雄得到的不只是荣誉，还有利益和资源。

一个人有了成就，不管是做了高官富商还是业界精英，他所得到的现实利益，一定会比常人多很多。

除了开豪车戴名表住大房子，还有很多很多隐性福利。

明星的孩子，总能上最好的小学。而农民工的孩子，想进一般的学校都是千难万阻。

钟南山的笔记本电脑丢了，全国人民帮着找。换成一个普通医生呢？丢了也就丢了吧。

富商发达了，可以给老家祖坟修一条漂漂亮亮的公路。而普通人杜杜，连为重病的老妈在北京买一张病床都做不到。

杜杜曾经也是乐呵呵地坐在路边鼓掌的人啊，她甚至也发自内心地接受了自己的平凡，并在平凡的生活中找到了快乐。

但是，生活总会在某一刻伸出魔爪，打破你的岁月静好，让你心焦气躁，让你手足无措，让你呼天抢地，让你低下头感叹：人没本事，干啥都难。

这个世界，底层人民从来都是最辛苦和艰难的。不管什么时代，无论哪个国家。

这个世界，很少对弱者真正友善，你的资源可能轻易被抢夺，你的利益可能无端被窃取。无论什么时代，无论哪个国家。

“坐在路边鼓掌”，有时候也许能得到尊重和体贴，但更多时候，当英雄路过，灰尘扑在你脸上，马蹄踏在你身上，一切理所当然。

还有，最后英雄拿走了最大最好的肉，而你连汤都喝不上。

这个时候，你还能做到开心地在路边鼓掌吗？

5

一个一事无成、只能坐在路边给别人鼓掌的人，是没有真正的岁月静好的。

工作单位出问题、家人生场重病、孩子要在城市买楼……生活随便伸出一根指头就能戳破你的肥皂泡，残酷的现实分分钟可能将你的美好和安宁打回原形。

所以，孩子，就算你真心愿意享受平凡中的美好，也依然需要非常努力，以使自己具备保护这份美好的能力。

你可以大部分时间给别人鼓掌，但必须有那么一些时刻，在某一个舞台，你要做主角，去赢得别人的掌声。

这掌声不但给你荣耀，让你肯定自己的价值，更能给你现实的利益，给你选择权和话语权，给你跟世界讨价还价的资本。有了这些，你才能抵御生活中最基本的风险，才有“过自己想要的生活”的实力。

而要获得这掌声，就需要你在自己生命力最旺盛的时段野蛮生长，不犹疑，不懈怠，该努力努力，该玩命玩命，让自己有一技之长、一席之地。至少，你要把自己的潜力都逼出来，使自己的价值最大化。

这样，你才不会在面对一地狼藉的生活时束手无策，才不会在遭到命运重压重创时悔不当初。

那些乐观地说着平凡可贵的人，大部分都是因为还不知道生活的泪点在哪里。

所有借口“平凡可贵”的懈怠，都是对自己的人生不负责任。

第三辑

所有的故乡都在远去

社区学院

文_另 维

1

高中毕业后，我被困在了华盛顿州一所社区学院里，抑郁而绝望，经常为高中时不肯努力学习而悔恨。

社区学院是美国、加拿大政府给予公民的第二次选择人生的机会：两年制大学，没有入学门槛，学费不到公立大学的1/3，助学金、奖学金很多，课程相对容易，学分全国通用。我最初听到的版本是，这里不分种族、性别、年龄和中学成绩好坏，人人都能以低廉的学费修完大一、大二的课程，并申请转学。上到常春藤，下到州立大学，国际学生都将有机会再度敞开它们的大门，接着读大三、大四，拿到本科学位。

高考不是唯一的出路，我满怀希望地来到社区学院。但人们警示我，这里不是天堂，因为没有入学门槛，所以鱼龙混杂，师资有限，你要小心。

初入学校，我跟微积分课的同桌Tina成了朋友。她是老挝偷渡客的女儿，皮肤黝黑，鬈发，胖乎乎，笑起来眼睛弯弯的，口头禅是："我是家族历史上第一个大学生！"

有一天，我分了自制的寿司给她吃，她执意要还我一顿午饭，于是我认识了她的"午饭团"。这是一个由十多个东南亚裔男女组成的小团体，他们每天在食堂一起吃午餐，大声说笑。我起初听不懂他们的俚语玩笑，可他们不会嘲笑我，而是耐心解释。

平时我们各自上课，中午会一起吃午饭，周末还一起开派对。渐渐地，跟他们在一起我感受到了家的温暖。后来Tina租了新公寓，邀请我做室友，我几乎是眼含热泪连夜搬过去的。"真正的家"，我在微博上动情地写道。

我是来刻苦学习然后申请转学的，目标是全美排名前100的大学，这是我最后的机会。可每当Tina邀请我出去玩时，因为想起她的恩惠，我都不好意思拒绝。

后来我要买手机，她提议把她自己的折价卖给我，而她只要告诉警察和T-Mobile（美国手机运营商）手机被偷了，就可以免费从店里拿新的。

“这是美国信用卡给的福利，我们搞过十几次了，没人管的。你了解美国还是我了解美国？”她很自信。于是，我买下了她的手机。

但是事情并没有我想的那么简单。因为我们的手机绑定了“家庭计划”套餐，所以我和Tina等4人共交一份话费，共享有限的手机流量、短信和通话时长。原计划每人每月支付总话费的25%，但他们3个人却总告诉我，我一人用掉了套餐的80%，应该承担相应的费用。我感觉蹊跷，关机了1个月，他们还是向我索取80%的费用。后来我找客服查询，才发现自己每月看到的话费账单都是伪造的。于是，我申请退出“家庭计划”，客服要求归还开通账户时赠送的手机，可我从未见过它。

我想询问Tina，可还没开口，她先发脾气了，她指着我桌上的话费账单，说我偷翻她的物品是犯法的，会被遣送回国。后来我开始丢现金、丢储蓄卡……

一天，我趁Tina出门偷偷搬走了，新室友们劝我说，在别人的国土上不能惹事，躲一躲就过去了。直到“午饭团”找上门来，指责我偷走了电饭锅、袜子、梳子、洗发水……索要现金赔偿。

我找到国际学生办公室寻求帮助的时候，这里有一半职员都

飞去中国开辟市场了。一个很年轻的辅导员接待了我和Tina。Tina说起带我玩耍、租房、开通电话的事，言辞生动，声泪俱下。我连说清楚实情都困难，更不用奢望据理力争了。还好我保留了她伪造的单据，她坚称那些都是真实可信的，最后我打了一通客服电话揭穿了她的谎言。

辅导员的判决是接受Tina的提议，我一次性付清赔偿金，从此我们互不干涉。

我说："我没有偷那些东西。"

辅导员压低声音说："我相信你，但他们可以联合指责你偷窃，你却没办法自证。这是最安全和快捷的解决办法。"

但接下来的日子我还是很害怕，不敢进食堂，回家的路上最怕听到有人喊我的名字……好心的老师收留我在她家寄宿，我每天蹭她的车上学、回家，小半学期后才敢回合租公寓。

2

其实摆脱了"午饭团"，我的生活也并没有完全好转。基础不好，自学没有效率，我只能硬着头皮熬夜；发邮件给老师，平均24小时等来一封回信；去办公室找老师，可他们每天只在那儿待1个小时。我想起老师讲完新课讲习题、学不会不准回家的高中时光，再想想当时丝毫没珍惜的自己，后悔得直抓头发。

传说，除去小部分“学霸”和返校充电的成年人，社区学院主要由两类人构成：不学无术混政府助学金等优惠的美国人和不学无术混海归头衔的国际学生。

我找不到自己的位置，室友们却都很典型——他们长期驻扎在语言班，组成“语言小分队”，他们了解周围每一个长相不错的中国、日本、韩国女生，熟知收费低、质量高的“枪手”，游戏打得出神入化，他们团结、无私、慷慨、爱国。有时他们出门玩耍会热情地叫上我，我想在家学习，但张不开口拒绝——都到社区学院了还装什么装。

“社区学院”真是个糟糕的头衔。餐厅里遇见熟人A和其友人B，B问A一句：“你同学？”A会本能地立刻撇清：“哪儿啊，他们是社区学院的！”“语言小分队”因此与A起冲突，指责他语气尖酸充满鄙夷，其实那不过是一句实话。

“语言小分队”也恨透了社区学院。“中介说这儿不考语言就能读，读两年，平均绩点达到2.5就能转4年制大学，毕业时拿到的文凭跟普通大学是一样的。他怎么不说国际学生成绩不过关就会被警告，被警告就会停学，停学就没了学生身份，没身份就得转学，我都在社区学院了还能转哪儿去啊！语言班混了3年了，大学课本都没翻过。毕业无望，还天天担心会被遣送回国！无良中介为赚几个黑心钱，把人骗到这儿来，现在进退两难！也不怕遭天谴！”

“也有人读了两年社区学院就转名校的，你看国际学生办公室里的美国地图……”我说。

国际学生办公室里挂了一张美国地图，上面贴着每年部分毕业生的姓名、照片和转校去向。宾夕法尼亚大学、康奈尔大学、卫斯理文理学院、密歇根大学……全是顶级名校。

“那些都是凤毛麟角，一年骗来上千个国际学生，还找不出十来个当广告？其余都是钱骗到就了事的炮灰。”

不是没听说，这些转去名校的学生在国内时不是重点高中年级前十，就是复旦大学、武汉大学平均绩点超高但决心重选人生的“学霸”。我这纯正的差生，哪里能跟他们相提并论。

可我想学习，虽然没有成效，我还是没日没夜地学习。“语言小分队”见状，去吃喝玩乐也不再叫我。留学7个月后，我成了真正的独行侠。

不过我渐渐发现，社区学院有很棒的免费学习资源——写作辅导中心提供一对一教学；演讲中心会帮忙纠正口语，还赠送光盘；而我最喜欢数学中心，因为学生辅导员团队里有很多中国人，直接解决了我的语言障碍。

我每天都待在数学中心里，有课时才会短暂离开。因为我的数学实在太差了，为我讲解微积分习题的中国辅导员们惊呆了，他们问：“你是从中国大陆来的吗？你们高中不开设数学课吗？”

我的数学拯救计划是辅导员们的年度第一难题，常常这个为我讲授高等数学，那个听不下去了，默默搜索下载高中数学详解，配上习题给我，若我还是不明白，就搜索下载初中数学的内容。我也常常会煲鸡汤端去给他们当晚餐。

2012年年初，我用公式在三位旋转矩阵上写了一个能跑小车的云霄飞车路线图，作为向量微积分课的结课作业。辅导员们看了欢呼雀跃，说："你真是划算，1年学了我们10年的数学。"

"这叫只要大腿抱得好，'学渣'逆袭不是梦！"我很感激他们。

"别，我10年都没像你这么努力过。"

这一整年，我们是支移动学习小组。周末围坐在餐桌旁，一边写作业，一边烤鸡腿、煮咖喱；有时我们也会一起看看美剧，快速吃饭聊天说笑，快速回到学习状态。从天明到天黑，他们睡了，我写作业；他们醒了，我还在写作业。

辅导员们的成绩单上都是满分，学习毫不吃力，周末他们还会去社区做志愿者，为盲人念书或者给穷人分发食物。我是公认最努力的，但还是跟不上节奏。一年过去，社区学院申请年开始了，托福考试、大学申请表和文书一起扛在肩上，大家健步如飞，争分夺秒，我时时崩溃，担心不被录取，功亏一篑。

辅导员们说："不会的，去年有批人去了名校，我们不比他们差。”

这些辅导员转校后，蜕变成了名校里突起的异军，平均绩点接近满分，经历又丰富，在奖学金申请甚至研究生申请时占尽优势，使本校生咬牙切齿。

我成绩最差，也去了全美排名前50名的华盛顿大学。

3

很少有人出了社区学院还想回去。

2013年8月，西雅图有场网游盛会，“语言小分队”花2万美元买了大量的限量纪念品，借我的微博发广告在淘宝上转卖，收入4万美元，叫我回母校取分红现金。

来到国际学生办公室，看到美国地图上的照片换了一批，我的辅导员们都在上面。

我竟然也在！我明明是个仰望着凤毛麟角，深感自己是被骗来做炮灰的人。

那一刻，我明白了，埋头做事的沉默时光对人的改变是潜移默化的，它慢到连自己都察觉不到，而看客只看结果。人年轻时的失败都不是败在某一件事上，而是败在思维方式上。

“既然凤毛麟角存在，为什么不能是我呢？”我发誓再也不会丢弃这种思维方式。

原来，越是鱼龙混杂的地方，越像是一面镜子，映照的都是自己的内心。

我忽然不恨社区学院了。

笨拙的善良

文_曾　颖

1

不久前，母亲给我讲了一件埋藏在她心中多年的事情，讲这件事情时，一向乐观的她脸色凝重，像是在挖一座压在她心中多年、让她无法顺畅呼吸的大山。

那是30多年前，她30多岁，在一家街道企业当临时工，她的一个同事，比她大几岁，大家都叫她青姨，是个狠角色。众人的评价是，青姨能把天上的麻雀哄下地，然后自己脱掉毛钻进蒸锅里让她吃——一张嘴既能编是非，又能吵遍街道无敌手。

对这样的人，母亲只能敬而远之。但青姨与我家是邻居，母亲又与她在同一个单位上班，这意味着母亲即使有意躲着，也少不了与她意外相遇，被迫与她同路，请她吃早餐，听她讲各种飞短流长，或看她在路边的小摊前一路招摇，只尝不买。

最令母亲难受的是，大家在工厂里闲聊各自街道发生的奇闻逸事时，青姨总是语不惊人死不休地说一些离奇、夸张的故事，而母亲会被她当成证人推出来。母亲证明过老母猪生下长着人脸的小猪、一分钱可以治好食道癌之类的事情。我能想象出，老实的母亲当时是多么难受，但这毕竟好过与青姨撕破脸，成为她的攻击对象。

“只要不是原则问题，她说什么就是什么吧！毕竟，大家都不是傻子，太离谱的事情还是不会信的。”母亲这样安慰自己，坚守着她的“鸵鸟政策”，任青姨满嘴跑火车，至多在青姨求援时，送上一个含义复杂的微笑，让青姨和众人按各自的方式去理解，以求相安无事。

直到发生了那件事。

2

那件事缘起于外西街的“街花”芝芝，这位从省城嫁过来的女子，有着与小城姑娘完全不一样的气质和做派。虽然在那个时

代，大家的衣服与发型几乎一样，但她像一朵绽放在杂草丛里的玫瑰，很轻易就把众人的目光吸引了过去。

红颜薄命，在娇艳地绽放了几年之后，芝芝不知患上了什么病，人变得奇瘦，肤色发黄，身上终日挂着一个尿袋，原本美丽的眼睛里透着绝望。

一直以来，芝芝受到过太多男人的青睐，自然也招来了更多女人的恨意，而青姨便是其中之一。原因在于，众多对芝芝行注目礼的男人中，她家就有四个，她的丈夫和三个儿子。芝芝的生病和倒霉，让一个恶毒的计谋在她心中发芽，她要干一件让芝芝丢脸的大事。

她先在车间散布关于芝芝的谣言，说芝芝常勾引别人的老公和儿子。她表情凄婉，俨然是一个受害者。青姨绘声绘色的表演，既勾起了人们的好奇心，又掀起了人们的“正义感”——这样的淫妇，当是“人人得而诛之”的，人们要用眼神拷打她，以正义的名义给无聊的生活添点儿趣味。

于是，青姨受众人之托找到芝芝，对她撒谎说单位的工友们知道她戏唱得好，想请她去唱戏。虽生着病，芝芝还是高兴地答应了。人在绝望的时候，任何小小的认同和欣赏，都是一种莫大的鼓励和安慰。

母亲永远记得，芝芝那天特意洗了澡，吹了头发，把一件红色开衫和蓝色卡奇布裤子熨得平平整整，还特意用一条扎成小花的丝巾恰到好处地遮住自己腰下的尿袋。

她在腮和唇上都涂了淡淡的红色，将刘海儿和眼睫毛卷出弧线。这些虽为她增色不少，却依然难掩她青黄的肤色和眼窝深陷的病容。

上台后，她努力地、一曲又一曲地唱着曾为自己带来过荣耀的曲目。

青姨在人群中，小声地跟人们耳语："看看，这副鬼样子，还在那里兴风作怪。"

于是，听戏的人像自己的老公和儿子也被人偷走了一般，暗生恨意，用嘲讽的眼神和尖酸的语调，逗弄着芝芝。

芝芝尽最大的努力，迎合着众人半真半假的要求，承受着种种恶意。

这一切，让深知内情的母亲愤怒了。母亲知道，芝芝并非青姨所说的那种人，她唯一的"罪过"，就是长得出众，更大的"罪过"，便是没有让这种出众的美丽保持下去。

面对喧闹的人群，面对满足感十足的青姨，母亲说她这辈子最瞧不起的，就是那一刻的自己。她既不能像芝芝一样享受虚假的幸福感，也不能像众人那样，享受消遣他人的快感，更不能像青姨那样，享受手刃仇敌的得意。而这个时候，母亲如果站出来说出事实，那她将成为众矢之的。

但她觉得自己应该做点儿什么。

她起身，走到芝芝身边，以帮她整理衣服为借口，故意碰落了那朵用丝巾扎成的花，尿袋露了出来。

“啊”的一声，芝芝不顾一切地逃走了。

闹剧结束，众人意犹未尽地散去，母亲悄悄跟身边熟悉的工友说：“你看芝芝病成那样，是不是勾引别人的样子？”

众人恍然大悟，这个信息很快口耳相传，传遍整个车间。当天下午，再没有人恨恨地骂芝芝是淫妇了，多数人都觉得青姨无事生非的举动过于残忍，还有人为自己出言逗弄芝芝表示羞愧。青姨对此愤怒异常，想和母亲翻脸，但一时找不到好的理由，便把母亲很多年前偷吃猪脚的事情拿出来乱说一气——那是母亲这辈子唯一一次瞒着家人吃独食，并引以为耻的事情。

母亲对此并不在意，她在意的是芝芝对她的态度。芝芝一直因这件事而记恨母亲，对青姨则抱以感激之情。此后很长一段时间，每次远远看到母亲，芝芝要么怨恨地瞪母亲一眼，要么就吐出一口浓痰。母亲多次想向她解释，都没有成功。一年后，芝芝去世，这件事变成了一块石头，重重压在母亲心头。

有时，人们会被表面的甜蜜所蒙蔽，而忽略了行为背后的真实含义。在青姨和母亲之间，芝芝选择了青姨毒花般的“友谊”，却恨死了母亲笨拙的好意，这不仅是芝芝的遗憾，也是母亲的遗憾。

我希望，有一天母亲能化解她心中的块垒，并明白，仅有好意而没有好的表达方式，有时照样会干出笨事。但我一直认为，即使再笨拙的善良，也比精巧的恶意，值得尊重。

所有的故乡都在远去

文_这 么

故乡，对于早已远离它的我们这一代来说，除了头脑中残存的童年记忆，还意味着什么呢?

全家于20年之后第一次回老家，为的是给4位老人上坟。20年前爷爷奶奶坟前新栽的小树苗已经长成枝干粗壮的松树，和灌木、野草一起长成了林子。山一寸寸被挤压，通往坟山的田垄已经变成水泥路，路边开设了养殖场，养猪、鸡和鸭。这两座祖坟，离人来人往的大马路已经不过100米了。

风大，满地枯枝干草，我们一边放火烧纸，一边心惊胆战，怕把山给烧着了。外公外婆的坟在另一座山上。那是本地的一座大坟山。坟墓从下往上葬，一直到山顶，从前都是老街坊，现在还住一起。外婆先过世，在山脚下。外公在山腰，两人生前在一间屋子里争吵打闹半辈子，这下总算隔开了距离。

我妈在外公坟前哭了，说对不起他老人家。20年前全家未能回来送葬，个中缘由现在也没法说了。这边的风势更大，我们追赶弹压燃烧着的四散的纸钱。日晒火烤，疾风吹眼，但狼狈里又感觉到了天地间那一线撼动不了的寂静。纸灰果然像黑蝴蝶，我看着它们远去遁入草丛，心想，除此之外的比喻都不恰当。

山上熙熙攘攘都是来上坟的人。当然有熟人，却是他认得你，你不记得他，或他不记得你，你还认得他了。所以也没有多少旧可叙。20年，在从前不算什么，在当代，却可以让每个离去的人都变成烂柯山观棋的樵夫。

我爸平时在家说话武断聒噪，年纪越大越不靠谱，今天倒拿出了一家之主的沉默。我妈感想却多了起来，在爷爷坟前，她长叹一声说："等我们这代人走了，这坟也就没人知道了。"

故乡，对于我们这一代早已远离它，只在头脑中残存些童年记忆的人，又意味着什么呢？我低头想了好久，并不能确定，将来会不会携儿女回来上坟。也许到那时候，连坟地都已经不存在了。谁知道呢？这是个连年轻人都迫不及待"怀旧"的时代，变化得那么快，那么令人措手不及。

回乡之前便已经听说，整个镇子被开发商瞧中，明清时留

下来的老街老屋要被打造成一个新的水乡古镇。住户大多已经搬走，留下空屋，以便改造成商铺。那些临街的老屋，木板的门全刷上了清漆，油光水滑，新崭崭，看上去与曾经旅游过的西塘、宏村、锦里有些相似。只是，不再是记忆里的那个老街了。

记忆里的老街非常破旧，却从清晨起就热闹无比，麻石条的街道两边排满了从乡下挑来的菜筐、鱼篓、肉案。在它们的背后，再上一级台阶，所有店铺的门板都下掉了，开张营业，布店、竹器店、杂货店、铁匠铺……早点铺子最热闹，油锅摆在门口，炸着黄灿灿的油条、糍糕，像外公那样的老头儿便端着那把家中谁也不能碰的宝贝茶壶，踱进去与熟人打着招呼，闲闲地坐在那油腻腻的木桌边上，伙计早已照例送上一笼米饺。许多桌子上的蒸笼与碗都在腾腾冒着热气，把人的视线都变得模糊了。

回忆显得如此不合时宜，打住吧！以后，挤在这条老街上的，可能都是游客了——小镇上的居民都对这样繁荣的前景盼望并雀跃。他们早已经搬去新镇，住商品房，用空调和抽水马桶，他们并不喜欢老屋的逼仄阴暗和需要倒马桶的日子。

他们并不曾离开，也就谈不上怀旧。而我们这些从外乡偶然回来的人却还在苦苦寻找。我们在找老屋。老屋已经不在了，因为是在后街，不能做商铺而被拆除，大片大片的荒地在春风里铺上茸茸青草，野花摇曳，有一种荒凉的美。

我妈的娘家——我经常在梦里回去的屋子，连同屋前那棵桃树，全消失在空气里。这片地皮据说是要建小别墅，供有钱人偶尔来消夏。而与亲手将这老屋卖出的姨娘谈起，她却并未有多少惋惜之意。

古旧、淳朴、自然，对于身在其中的人来说很可能只是负担。里尔克的诗中说："离开村庄的人将长久漂泊，更多的人死在路上。"故乡，只对离开它的人才存在着。它不是老屋，甚至也不是一座祖坟，它是童年记忆，是父母恩情，是我们在外乡漂泊时的情感寄托，直到"且把他乡作故乡"的那一天到来，它还是心头的那一粒朱砂痣。它还可能是，当我们老到对一切无动于衷时，压箱底的那最后一抹温柔。

而所有的故乡都在远去，在今天，这或许是一个时代的宿命。

葳蕤在心底的时刻

文_安　宁

我的银行卡密码用了十几年从未更换过。如果不是与那一串数字有关的朋友重新出现，我几乎忘了那是为纪念我和朋友初次相识而设立的。

我们是在远离故乡的异乡偶遇时，才想起这个日期，并因为这样一个特殊的时间，而感慨万千——我还记得为了给朋友打一个电话，我在公共电话亭边排了很久的队，忍受着一个又一个女孩和远方的男友煲黏稠而漫长的电话粥；而朋友也想起大雪纷飞中，他走过长长的路，去邮局给我寄一封信时，心底满满的温暖。其实，那不过是一个普通的日子，如果不是因为被设置成密码，这一天也会消失在无边的岁月中，最终被我们完全忘记。但恰恰是被记住了，它才如一粒种子，在我和朋友再次相遇的时候，携带了饱满的时光，啪的一下打开，并迅速生长，唤醒心底所有沉睡的记忆，让我们重新看到那段生动、美好又鲜活的过往。

我们的一生中，会设置多少大大小小的纪念日呢？或许有时候连我们自己也记不清了。而每个人的生日，应该算是人生中的第一个纪念日吧。父母用这样的方式，纪念你降临到这个世间的幸福。每年到这个日期的时候，你的父母会想起跟你的出生有关的一切——慌慌张张地去医院待产，担心还没有等到床位你就提前抵达；是剖腹让你出来，还是忍受剧烈的疼痛，等你慢慢抵达。上手术台时你的父亲签字时的紧张，你的名字最终由谁来决定，还有这几十年来，养育你究竟付出了多少辛苦……小小的生日，像是一根引线，几乎可以牵引出人生中所有的喜怒哀乐。不管你什么时候想起，它都将成为对我们生命进行打磨和提纯的不可忽略的时刻。

即便某一天，父母离开了这个世界，那些因为爱而设立的温暖日期，依然会在我们的心里，被长久地铭记——你第一次离开故乡前往外地读书的那天，初恋时你与一个男孩牵手的夜晚，你拿到人生中第一笔薪水的日子，你与爱人领到结婚证的黄昏，你的孩子降临到这个世界的那个清晨……所有这些日子，都在你的心里留下深刻的印记，以致每一年想起，都要跟家人或者朋友相聚聊聊天，才能排解掉内心积压的对于过往的感慨、感激，或者哀愁。

是的，一个日子代表的，不只是时间本身，时间所承载的，是孕育着爱与希望的一段时光，是在艰难中看到的一点儿火花燃烧时的欣喜，是对过往时光的留恋与不舍，是绝处逢生时对生命的感激，是内心不死的欲望与期待，是始终不肯舍弃的对于美好内心世界的追寻。

当然，你也可以将这些日子丢弃在波澜不惊的日常生活中，并慢慢将它们忘记。如此，你的人生就会变得稀松平常，时间一天天流逝，你活在日复一日的庸常生活之中。直到某一天，你翻找抽屉，忽然在角落里发现一件很多年前的旧物，尽管蒙上了尘埃，可是，它却能带你穿越重重时光，一下子回到某个闷热的夏日傍晚。那一天，你收到大学的录取通知书，你的母亲走遍了大街小巷，只为让所有人都听到这个好消息；而你的父亲则第一次对你显露出难得的温柔，将冰镇在井底的西瓜提上来，切了一块最大的递给你。

一切都在那一刻，流光溢彩起来。你在这忽然忆起的某一个时日里，第一次发现自己的人生，原来也曾这样茂盛葳蕤，生机勃勃。

不辞长作济南人

文_马少华

每年一到冬天，在济南各个大学的大一新生中，总会流传这样一句半失望半戏谑的话：“唉，被老舍骗了。”

这句话的来源，就是被选入语文课本的那篇老舍的《济南的冬天》。在那篇课文里，老舍把济南夸成了一朵花儿，用了很多修辞手法，又是排比，又是比喻，又是拟人，写得花团锦簇，害得学生们天天早上哇啦哇啦地背。正因为这篇课文，济南这座并不很吸引眼球的城市，成了大家的共同记忆。

在十几年前，当我作为大一新生来到这座城市的时候，也曾发出过同样的感慨，随后是大家的哈哈一笑。毕竟，身处这个以求新求变为荣的时代，去要求一个城市保存半个多世纪前的状态，本身就是一件不靠谱的事。

确实，作为一座城市，济南除了一个趵突泉，实在没有什么值得说的。但“所谓故国者，非谓有乔木之谓也，有世臣之谓也”，我之所以一毕业就顺理成章地留在济南，正是因为济南的人。

说起济南人，自然是众说纷纭。在这儿我只说一句济南人的口头禅，大家就会对济南人有一个直观的了解。

这句口头禅就是：“你别管了。”

这四个字要分析起来，有很多种意思，但在济南人的嘴里只有一种意思，就是“让我来”“交给我，你就放心吧”。再加上济南人那种爽快的口音，透着一股让人浑身舒坦的热情和豪爽。

这句口头禅几乎在任何一个场合都可以听到，比如你拿着很多东西打车，的哥在你面前停下，噌地钻出来，喊一声：“你别管了！”然后就三下五除二地帮你把大包小包全塞进车里，那气势恨不能把你也抱起来塞进去。

比如你去买衣服，试了半天还是没看中，正不好意思地想怎么跟热情的老板娘开口，谁知人家老板娘毫不介意，喊一声：“你别管了！”三下五除二就把散乱的衣服收拾好了。

再比如你去小吃店，刚点完菜，老板就喊一声：“你别管了！”等你找个地方刚坐下，你要的菜已经端到桌上了。

我经历过的最绝的一次是有一天我去一家快餐店，刚一进门，就听性急的老板冲我喊："你别管了！你别管了！"我一愣，我还没说吃什么呢，你就让我别管了？看老板急匆匆的样子，我也没答话，就乖乖地坐在旁边看着他。老板拿着盘子，看看菜，又看看我，看了几个来回，终于忍不住问："你想吃个什么？"我连忙站起来，指了指想要的菜，老板眼角一瞥，又喊了一声："你别管了！你别管了！"

济南人的这种热情，可能会让一些初来乍到的外地人感觉不适应，但这就是济南人的性格。山东大汉身上那种几千年积淀下来的热情、豪气、敢担当、为朋友两肋插刀，在济南人身上体现得淋漓尽致。你适应也好，不适应也好，喜欢也好，不喜欢也好，都改变不了济南人那句豪气干云的口头禅——"你别管了！"

济南人的这种性格也体现在城市建设和宣传上。其实济南还是有很多值得大书特书的人文资源的，宋朝最有名的四大词人中济南就占了两个——李清照和辛弃疾，但我在济南生活了十几年，几乎没见过有哪个济南人、哪家济南媒体向外地人介绍这两位的。在济南人的心目中，好像这两位在中国词坛占据巅峰位置的大词人跟他们没一点关系。这在全国各地争古人、争名人的热潮中，淡定得一塌糊涂。

类似的例子还有大明湖。老实说，我知道大明湖，也是从

《还珠格格》开始的。那句“大明湖畔的夏雨荷”感动了无数人，但我直到现在还经常怀疑，济南的这个大明湖真的叫大明湖吗？怎么这么多年来一点借机宣传的动静都没有？

也许，这就是济南人的性格，任凭外界如何叫嚣，如何光怪陆离，济南人都不在乎，他们要的不是眼球经济，而是实实在在的生活。不管是李清照、辛弃疾，还是夏雨荷的大明湖，都赶不上用泉水泡上一壶茶来得更惬意。在他们看来，所谓的历史传承、文化传承，都不过是靠古人、名人吃饭的借口而已。在这个大舜耕过地的地方，秦琼练过武的地方，李清照、辛弃疾写过词的地方，人们敬仰他们，但从不靠他们吃饭。

以前，我跟人介绍济南的时候，介绍过“四面荷花三面柳，一城山色半城湖”，介绍过大舜、秦琼、房玄龄、李清照、辛弃疾、张养浩，介绍过趵突泉、大明湖、千佛山，介绍过泉城广场、东荷西柳，介绍过巩俐、张海迪、韩美林、武中奇……介绍所有外地人感兴趣的人和事物，却唯独没有介绍过这座城市的普通人。

或许，这也是很多现代人活不明白的一个原因：只关注那些吸引外地人的东西，却忘了自己的生活。从今天起，再介绍济南的时候，或许该改成这样一句话：“像一个济南人那样活着，不累。”

流　年

文_闫　晗

小时候过年家庭聚会，大人忙碌着人情往来，孩子们经常陷入无所事事的状态。爷爷的两三个外甥，也就是我的远房叔叔，每年过年都来做客，几个人把炕坐满了，姑姑和大妈要忙着下灶做饭，我和表哥表妹在屋里屋外转来转去，插不上嘴，也插不进脚。

电视机通常整天开着，但节目的声音被说话声淹没，什么也听不到。

有时候我们会走出院子，在村子里闲逛。冬天，到处都是灰黄色的，家家门前都堆着干掉的玉米秸、花生蔓，干冷的空气里混合着鞭炮的气味，混着积雪的土路被冻得很硬。有一些小男孩拿着拆散的鞭炮和点鞭炮用的香，在角落里冷不丁发出噼啪的响声；有的拿一种摔在地上就会响的炮仗，突然就朝你脚边扔过来，吓人一跳。我不喜欢听鞭炮响，觉得既聒噪又危险，便常常躲在表哥身后，远离那些调皮的小男孩们。

有一年，我们走出了村子，过了村子南边的河，走到种庄稼的田地里。田地里的作物都被收回了家，裸露的土地一派萧索，道路两旁的树下堆积着落叶和枯黄的草。有一户人家的田里竖着一块墓碑，还有隆起的坟包，墓碑上刻着繁体字，那字我并不认识，却默默悲伤了一会儿。

算不上什么奇特的经历，我却对那天的场景印象很深，想起冬季，脑海中就会闪现出那些树、田野、枯草和墓碑。

对于过年，即便在童年，有对穿新衣服的期待和见到亲戚家同龄小孩的喜悦，我还是有很深的寂寥感。一大家子的饭做起来费劲，常要挨到下午三四点才能吃上饭，饭到桌上也凉了一大半。吃完饭再七手八脚地收拾，姑姑、大妈们能歇下来说说话就已经天黑了，大人们又开始张罗着全家穿上大大小小的棉衣，准备骑车回家。

按照惯例，爷爷会对外甥们拿来的礼物推让一番，让他们带走，礼物无非是一些饼干、奶粉、麦片、芝麻糊之类的。但爷爷有次说了句“这么一点儿东西，我哪儿还能都留下”，让场面陷入了尴尬，于是，那回远房叔叔们就不好意思把礼物带走了。之

后许多年，爷爷的这句话都常常被拿出来调侃。

我不喜欢分离的时刻，从天开始变黑的那一刻起，我就陷入了莫名的忧伤中。我希望表妹和我可以留下来，在爷爷家住下，看爷爷烧炕、放铺盖、焐被子，穿着奶奶超级沉的大棉靴，躺在被窝里，在昏黄的灯光下，望着黑漆漆的窗外听爷爷说家族轶事……可惜这愿望从来没有实现过，表妹总是很想回自己家，她家离得远，往往最先走。有一年过年下了大雪，姑姑全家坐公交车去爷爷家，回去的时候等不到车，爸爸便骑着摩托车分两趟把她们全家送回去了。虽然爸爸那天穿着厚羽绒服，但也被寒风吹透，浑身冰凉，病了一个多月才好，后来每年冬天他都会感冒很久。如果能穿越回去，我一定拦住他，让姑姑她们住下来。

现在，爷爷奶奶不在了，我们各自长大，奔向远方，即便是那样寂寥的团聚，也无法得到。我努力回想，还是有许多美好的时刻的。记得有一年，我扎着长马尾，有个不会聊天的远房叔叔说我个子矮，不适合留长发，表妹个子高，留长头发会很漂亮。我讪笑着，不知如何回应。爷爷却表示不爱听这话："谁说的？我觉得我们丫头长头发挺好看的。"奶奶也附和，还说我比表妹好看多了。我心里明白那并不是实情，却很感动，他们这样爱我，而且如此理直气壮地偏爱。

突然很想念从前那些岁月，即便寂寥，也是独一无二、难以复制的好时光。

每个人的“红楼梦”

文_格桑亚西

那年，那天，小县城的电影院要上映过路电影《红楼梦》。

过路电影是送片途中被县里“拦截”下来的，通常只能放映一两场，是那个年代特有的景况。这次放映的《红楼梦》还是彩色片，宽银幕的。

百般央告，母亲终于点头应允，给了我一角二分钱。不是因为票价贵，虽然身为中学校医的母亲工资不高，主要因为我家离县城颇远，要走一段傍山险道，过一座铁索桥。险道常有飞石，桥下河水汹涌，电影散场时夜已深了，黑灯瞎火的，她不放心。还好，几个同校的教师也去，母亲把我托付给他们。

将行，一个在我家补习功课的小亲戚给我兜头泼了瓢冷水。

他和我年龄相仿，家世显赫，父亲是山西吕梁人，南下干部。他说他父亲在省上开会时就看过这电影了，那时《红楼梦》尚未解禁，是小范围放映，仅供“内部参考”，有资格观看的都是有相当级别的干部，是一种政治待遇。

那年月，公开放映的电影除了八个样板戏，就是《地道战》《地雷战》《南征北战》《英雄儿女》。那些彩色、宽银幕的包含情爱、暴力或者敌我阵线不甚分明的电影，只能冠以“内部”二字，以“资料片”的名义，定向供应给有一定级别的人参考、享用。

小亲戚说，他父亲回家抱怨好久，怪《红楼梦》深奥，愣是没看懂。所以他建议我还是不去的好，不如我们吃过晚饭下河钓鱼。

但是，在20世纪70年代，电影的诱惑还是远远大过钓鱼。小县城电影院的放映员张师傅家喻户晓，人人皆以认识他为荣，与其地位相当的还有县车队李司机、猪肉铺杨屠夫、油条店王娘娘、糖果柜马大姐……

带着可能看不懂的忐忑，我坐进简陋的电影院。

大人们兴奋地彼此招呼，小孩子们大呼小叫，在过道上乱窜，木头翻板椅嘭嘭作响。城隍庙改建的电影院，前五排连粗糙的椅子都没有，只在石阶上搭了五条长长厚厚的木板，用毛笔写着座号。

电影院里渐渐安静。灯光熄灭，音乐响起，那个年代绝不多见的七彩宽银幕故事片呈现眼前。

不反特破案，没有打打杀杀，因为是越剧故事片，电影上的人全不好好说话，动不动就咿咿呀呀地唱，眉眼里一水儿的卿卿我我，葬花凄美，焚稿悲惨，贾母有点假，贾政有点歪，宝哥哥浓眉大眼，林妹妹袅袅婷婷，说不上好不好看，分不清好人坏人，剧情是差不多看懂了。

上下集的电影很长，曲终人散已经夜深露重。

回家的山道上，听着谷底呜咽的流水，心中倒有些闷闷的。借着对岸依稀灯火的微弱投射，我深一脚浅一脚地走路，也不和同去的大人讲话，他们高谈阔论，懒得理我。

淡淡的失落，有那个年龄的少年特有的怅惘，有无法言说的伤感。

那年，我13岁。

后来明白了小亲戚的父亲直呼看不懂的因由。

他们是熟悉秦腔、《铡美案》、李双双的一群人，枪林弹雨中摸爬滚打出来，过了几十年养尊处优的太平日子，兴冲冲去享用内部资料片，屏气凝神大半夜，只有古装男女手握罗帕捏着嗓子一个劲儿地唱，循规蹈矩的，穿的衣服比现在的还长，真的有种上当受骗的感觉，有人在心底骂娘，有人干脆睡着了。

须知，那年月的内参片，就是一餐特殊的精神牙祭，最起码在两个小时里，起到抚慰人心、缓解紧张、释放压力、安定团结的功用。包含有组织的体贴、信任、理解、纵容，也有不便言说的苦衷，是那个年代特有的景观。

朋友甲讲过亲历见闻。某次，几位老同志审看收缴的录像带，审到美艳港星裸浴处，全体呼吸急促，绞紧双腿，一位老同志情不自禁起身趋前，踮起足尖往下看。听毕哂笑。现在回想，心有怜悯。

站立起来的其实是人性啊！虽努力掩饰，百般包装、说教，依然无法磨灭本能，只因生而为人。

因为这部过路电影，我开始读《红楼梦》，那个时候已经有了人民文学出版社出版的四卷本。

我亦进入了青春期，开始了自己的“红楼梦”。

虽然身体依然营养不良，然而胸中已澎湃着秘密的诗情，对隔壁班的女孩也有了更多的留心。当然，书中的真意尚无从领略，不过是囫囵吞枣，看个大概。毋庸讳言，重点自然是第六回“初试云雨情”和第十二回“正照风月鉴”。我反复看，想入非非，课堂上也时有走神，感觉比生理卫生课和《赤脚医生手册》的某些章节更过瘾。

喜欢里面的诗词。那时记性真好，过目不忘，《葬花吟》《题帕三绝》《秋窗风雨夕》等倒背如流，借用书中宝黛偷读禁书《西厢记》的用语，真个是“余香满口”。

不仅背，还抄，用仅有的半个笔记本。

前些天读蒋勋的书，听1987版《红楼梦》电视剧的音乐，忽然就心血来潮，翻箱倒柜找出三十多年前的那个本子，翻到自己十三四岁时的笔迹，一笔一画，歪斜却庄严用心，心中有感动。

蒋勋说《红楼梦》是一个秘密的青春王国，那读书笔记就是我自己青春王国的记录了。

还不懂爱情，却在内心渴望与异性相处。为了掩饰，不得不装成刀枪不入。有时候，到了不能自拔的程度。

或长或短，或深或浅，每个人的一生，都有属于自己的“红楼梦”。

我们都曾幻想自己是贾宝玉，不为金银珠宝、绫罗绸缎，只为姹紫嫣红、长相厮守。

我们年少时都想娶林黛玉，那时候笃信爱情，看不起洞明世事的学问。

我们成熟后觉得该选薛宝钗，有所谓经验的积累，明白文章不过是练达的人情。

这时候青春的大观园就荒芜了，丢失了所有的童心和神性，我们终成凡夫俗子，芸芸众生。

身后，只留下竹梢风动、月影移墙，留下落红满地、花谢花飞。

蒋勋说，要把《红楼梦》当成佛经来读。因为它通篇讲的是未尽的前缘、人世的因果，最后落脚在“空”“了”二字。

里面没有通常的好人坏人，用慈悲心看来，都是些还债的可怜人，每个人都走不出自己的宿命。到最后，欠泪的，泪已干；欠命的，命已还。只落个白茫茫大地，真干净。

好在大多数人到死不悟，才可以人云亦云地过完一生。

要不是，我们都会随了癞头和尚、跛足道人出家去，这个世界，怕真是要长满菩提。

带你去故乡

文_范晓波

特别在意一个人时，我不仅会观察他（她）的现状：价值取向、怪癖嗜好、具有心理学意味的身体语言、内心隐秘的快乐和伤痛，也会关注他（她）的源头——童年和存放在童年的故乡。

我笃信一个判断：人在成年之后的种种执与迷，多半是在为童年还愿，你童年缺失什么，成年后就会追逐什么；童年受到了怎样的扭曲，成年后就会加倍地反弹。

作为时间概念的童年是单行道，无法逆行抵达，但总有蛛丝马迹遗留在对应的空间里，那个空间就是某个叫作故乡的城市或乡村。

曾惊讶于一位陕西作家总是在小说里用“心爱的”“亲爱的”来称呼恋人，这样的书写在年轻作家看来过时而肉麻，不过也正是这肉麻打动了我：一个人心里要淤积多浓多深的情，才会频繁使用如此肉麻的定语呢?

后来找机会去他陕北的老家走了一趟，那里的空间被一波一波的荒塬切割成一道一道的贫瘠深壑，人湮没在这样的沟里，不仅物质困顿，而且与世隔绝，两个村的人隔着十几米深的巨沟相望，“拉话话容易拉手手难”。在那样的寂寞里走了半天，我一下子就理解了这位作家的深情与肉麻。

和新朋友交往时，我最愿他（她）带我看的不是现在的家——这个家保存和展示的是当下的生活，而且不全是他（她）个人的。只有老家是具有个人意义的。人也只有回到最初的出发点，才会摘除身份的伪饰，展露出本真的性情。

我30岁之后才明白和体会到这些。对我而言，故乡分两个层次，鄱阳县城是一层，因为父母住在那里，我的青少年时光也留在那里。更里的那层是外公外婆曾经生活、现在安息的村落祥环，我在那里度过了更早的童年，理所当然可算作源头的源头。以长江类比，县城是沱沱河，祥环则是格拉丹冬雪山。

我早年最好的朋友，大都到过祥环。外公外婆健在时基本住在县城，祥环等着我的只是一座长期锁着门的老宅。我从县城去那里玩，朋友没事就跟去了，坐客车或骑摩托车。从县城到祥环有100多里路，路况也很差，到了连杯热茶也喝不到。愿意陪我跑那么远的路去看一座空房子的人，不是脑子进了水，就是肚里装了太多的话。

近五六年来，我也会邀请一些外地朋友去老家走走。大部分止于县城这一层，和早年的哥们儿一起喝喝酒，叙叙旧，品咂一下当地的美食、美景、美女就回。这是一种刻度。

少数人，会跟我去一趟祥环。这是另一种刻度。

我自己去祥环是很寻常的事，每年至少三次，回了县城，多半就要去一次祥环。不过基本是同家人一道，和朋友结伴十分难得。

我这么警惕赞美和客套的人，不会轻信人家的表白，也不会随便发出如此隆重的邀请，这毕竟是我招待朋友的最高礼遇，之后我就是“黔之驴”了。

后来发现国家元首之间的交往竟然也是如此——进入“蜜月期”，就会把会晤地点从总统府改为总统老家的农场，服装也改为便装，交谈由交锋演变为密谈，密谋由此产生。

的确有过外省的同道或读者从文字里洞悉了我对故乡的缠绵，来江西后先不去那些著名的山峦和湖泊，一见面就表示想去我的“发源地”看看。不管最后是否成行，这样的请求总是让我忍不住有点感动，他（她）至少懂得我的软肋在哪里，而且还表现出爱屋及乌的迷信。

实际上，那个名叫祥环的村落是普通而乏味的。我记挂的那幢老房子，十多年间已经漏顶、坍塌，被沙石掩埋，最后长满了构树和一年蓬。村里也没几个人还认识我。每次去那里，不过是去外公外婆的坟边站站，去废弃的旧水井边照照，去死了半边的老樟树下坐坐，去空无一人的老屋场走走。对于我，每次都能触发不同的回想，每次都有暗流在眼底波动。对于客人，难免有些走马观花，除了苍凉很难捕捉到更多东西。幸而，残垣上总开着各色各样的花，花瓣里总嗡鸣着各式各样的昆虫，竹篱后的树干上总有松鼠探头探脑表示欢迎，我得以抱歉地自嘲："只是空气还可以。"

那些发现风景不过尔尔而步履留恋的人，我视之为知己。

那些被犬吠惊出了一背冷汗而毫无悔意的人，我视之为挚友。

那些见了外公外婆坟头的照片，意识到这是我血缘的上游，情不自禁作揖致敬的人，我此生再不会忘记他（她）。

他们让我站在那一堆寂静的废墟上，无限感伤地想起一个浮华的词：衣锦还乡。

你为什么活得越来越没意思

文_周 珣

我刚满五岁的儿子，已经学会说“没意思”。听见这三个字时，我吓了一跳。好在，他在房间里逡巡了一会儿之后，迅速找到了自己的“意思”——一本地图册，埋头翻找妈妈之前旅行的国家。

在悠长的一生中，多多少少，我们都会有感觉“没意思”的时刻。这样的时刻，我们无聊，低落，闷哼哼，无所事事，这不是什么了不得的事情。它是会自然揭过的一页，在内心深处，我们其实有确信，前方，无数有意思的事情在等着呢。

比较可怕的情形是，对很多人来说，人生是个越活越没意思的过程。随着年齿渐增，不知不觉中变得不再对一个有意思的前

方心怀期待。

上班没意思，下班也没意思；挣钱没意思，挣不着钱更没意思；单身孤独得没意思，两个人相处日复一日沉闷起来越发没意思。世俗认可的成功没意思，连世俗认可的成功都不可得，也没意思得很吧。

那些我们生命中特有意思的事情，是怎么渐行渐远、终至消失不见、捕捞不着的呢？

大一冬天，我在女生宿舍里犯懒，门外忽然一阵杂乱的脚步声，伴以穿插其间的惊呼，让人以为出了什么乱子。开门，发现不少同学正连蹦带跳地往楼下冲。这场小规模的骚乱源起于窗外的初雪，很多来自南国的同学这一天见到了生命中的第一场雪。

在物质条件不那么好的时候，第一次看雪、第一次看海，第一次坐飞机、第一次进剧院，都非常有意思。这种因为稀缺、新鲜感带来的生活中的“有意思”，正在无可避免地越来越少。随着见过的、拥有的东西越来越多，能让你兴奋、兴致勃勃、瞬间幸福感爆棚的东西就越来越少。基本走上了叔本华所谓“人类欲望不满足就痛苦，满足了就无聊”的循环。

看上去什么也不缺的人，除了一点意趣、一点兴致、一点活力、一点精神头儿。他们用平和形容寡淡，以超然掩饰木然。这种中规中矩、了无生趣的活法，那么切近那么熟稔，我们的朋友，我们的亲人，几乎，就是我们自己。

总是会有不甘心的人。那么，怎么才能避免越活越没意思？

这个真是虾有虾路蟹有蟹路。我认识一个女人，孜孜不倦地谈恋爱，从十几岁到几十岁，不停更换恋爱对象，次次爱得死去活来。她的确活力充沛，每爱上一个人都像天山童姥新吸食了鲜血，精神焕发斗志昂扬，她的生命就是一个有意思的传奇。但这法子实在不好推广，各有因缘莫羡人。

还是试着寻找一些具有普遍性的路径。

排在首位的，我以为是强健的体魄。有意思在一些时候，根本就是个体力问题。

20年前，我上夜班，凌晨一点下班去簋街宵夜，吃到三点，去打早场保龄球，玩到六点钟回家蒙头大睡。这种有意思的生活，我现在一天都过不下去。该熬时熬不住，过了点儿还睡不着。

微信圈有朋友招呼“戈壁徒步”，呼啦啦冲上去一队人，个个热情洋溢。真正成行的寥寥无几。一天30公里，烈日沙漠行，再有意思，平日没锻炼也不敢去啊。假装着向往一下得了。

一位同龄男性友人，爱上一个九零后姑娘，一开始也算情投意合。最后分手，原因是“陪不动”。年轻姑娘想要的有意思的生活，中年男人着实体力不支。

除了拼体力，避免活得没意思，更多拼的是创造和发现的能力。

大家的日子其实能差到哪里去？一样居家过日子，为什么有人活得就比你有神采、有意思？

我结识过一位理发师。介绍我找他剪发的朋友说“他很特别”。果然特别。我第一次找他，本来是要烫发，他看了看说，你的头发要养养了，别没事儿老烫，毁头发。我担心只剪剪没型儿。他答：发型师真正的手艺是剪出型儿，不是靠烫。那次剪发，花费是准备烫发的十分之一，耗时比一般剪发长一倍。

我还真没见过这种不以烫染多赚钱为目的发型师。他剪发时神情专注、投入，眼睛里有真正的兴趣和热爱。后来我找他做过两年的头发，有很多次，我坐得不耐，也觉得可以了，他却不肯放，一定精工细剪，每次要剪到他满意才算完。有时候会找不到他，因为他会去香港学习，去新加坡进修，或者在别家发屋观摩、参加比赛。

熟了，也会聊聊他的经历。他来自内陆省份的小城，一直保留着从那里到北京的硬座车票。他在北京第一次坐地铁的地铁票、和妻子第一次约会看电影的电影票，第一次接了妈妈来北京逛故宫的门票，他都剪贴留存。他从女儿出生，每天坚持给她照一张照片，从无间断。如果出差，就让家人照了传给他。看他手机里那个漂亮女婴每一天的变化，不但是他的、也成为我们这些客户的乐趣。他手机照片里的另一个主题系列，是他在阳台给妻女亲手种植的蔬菜，各种绿意盈盈。他娶的是大学毕业的北京姑娘，一开始岳父母难于接受他的北漂身份、他的职业，但很快就处得其乐融融。

我相信会的。很难有人会不喜欢、不接受他那样的人，无论是对职业还是对生活，他都认真投入地创造出意思，让身边的人能够强烈地感受和体验到。

他是高尔基所说的那种可以“建造一种充满感受、思索和行动的时钟”的人，他自己创建的价值坐标，覆盖了日常枯燥、单调、“冷冷地滴答着的时间”。

我已经N久找不到他剪发了。他去日本交流学习。一个有意思地活着的人，总会有机会遭遇更有意思的生活。

活得没意思，大部分原因是活得没兴致。有所热爱、有所贪恋、有所沉迷，可以避免心灵无处安放。

我从来不嘲笑广场舞大妈。不是因为我不再年轻，是因为我觉得可以不顾别人的眼神、观望甚至嘲弄，投入地做一件自己喜欢的事并且由衷快乐，挺值得尊重的。雕塑家罗丹所理解的生命是“无尽的享受、永远的快乐、强烈的陶醉”，都可以在广场舞大妈们的身上找到。有什么不好吗？

我知道我无法参与，但我乐于欣赏，也愿意在一定程度上避道而行。那也算一种有意思的生活。它可能不适合所有人，没有哪种有意思的生活是适合所有人的。

避免越活越没意思，还有一项大招，是屏蔽掉那些扫兴的人。去了一个地方聚餐，说“这有什么好吃的”？去了一个地方旅游，“有什么意思啊，全是人”；去看一场电影，“没劲，不如在家看电视”。满满的负能量，不但他自己的生活没意思，也扫荡掉身边的人的兴味。他说的也许是实情，他比别人都理性、冷静、现实，但真心招人烦。

宁可跟那些有点大惊小怪的人交往。我认识一个朋友，被大家挤兑是“最会拍大腿”，一点儿美好的东西都会惹他击节赞叹。一起出去玩，他会看着风景连连发声“天呐天呐”，感染得你也不由自主跟着激动起来。想活得有意思，就好好珍惜你生命中遇到的每一个兴兴头头的人。

最后一招，想要“有意思”的不传之秘，我犹豫能不能说。大概率上，所有的逸出常轨，都有意思。犯点儿小坏、适度放纵，不要太积极向上、太追求有意义、自律太甚。

我们多数人受的教育，是相当板正的。你有机会碰到很多老实人、正直的人、好人，端方严整，就是偏于木讷乏味。像一棵早早被刀砍斧削、修剪掉枝桠的树，长得很直，也是可用之材，但不是风景，失去所有的观赏性。

林黛玉为什么比薛宝钗有意思？因为她没有被规范得那么完美，保留了纵情任性的女儿心。

不必活得太过拘谨，犯一点点规矩，踩一点点线，做一点点坏事，是很有意思的体验。比方说，喝可乐是一种很不健康的生活方式，坏处罄竹难书，可我偏偏喜欢。活着有意思的一个标志，是保留一点喜欢的坏毛病。好吧，能给自己的坏毛病找出这么高大上的合理性来，是写字这件事让我觉得有意思的部分。

波澜不惊的背后

文_Didi Wu

常有人说英国人很有距离感，我倒觉得这只是表面现象。在刺绣学校与我一起学习的大多是英国老太太，别看她们表面上很有距离感，其实非常友好，比如她们经常带点心、零食在下午茶时间与大家分享，我碰到技术困难也会给我各种帮助，还经常带自己新收获的工具和刺绣书来给大家看。

最打动我的是她们“距离感”的背后，对人生中的大风大浪处变不惊的态度。那天下午，大家聊到之前的职业，有个老太太说她是专业培训护工的，另一个老太太就笑着说她家可是护工的大客户。我问为什么，她喝了口茶镇定地说：“我大儿子先天智力有问题，小儿子去年发生了一起重大车祸，脊椎受损，所以他们俩都需要专业人士看护。”

“他恢复得好吗？脊椎受损可是大问题呢。”我问。

“现在相当不错了，虽然他从此之后只能在轮椅上度过了，但他上个月加入了残障人士运动团体，现在每周都要去运动两天呢。”老太太依旧淡定地说。

我强忍住惊讶和同情，努力平静地说：“希望他恢复得越来越好。”

老太太说：“亲爱的，他没问题的，他最近正忙着研究怎么把被注销的驾照弄回来呢——虽然他以后开车需要看护一直陪着他了。”

这个老太太平时乐呵呵的，上个月亲手做了曲奇饼干给大家吃，还经常在社交网络上发照片、笑话什么的，之前我一直以为她是个生活无忧、家庭富裕、一路顺境的人，今天这短短的谈话，让我既震惊又佩服。

我少时是个过分敏感的孩子，经常觉得自己命运坎坷，经历过很多苦难，长大后才明白，很多时候根本是自己小题大做，把遇到的挫折看得太严重，想来只是因为没有存在感，需要用所谓的“坎坷经历”来证明自己的人生并不苍白，其实不过是“为赋新词强说愁”罢了。

大学毕业以后，在工作的6年里我才真正被点醒，稍稍见识了真正的命运与不公，遇见过勤奋又忠诚但10年都没有升职、所有功劳都被上司抢走的同事，也遇见过无比腹黑、为了谋利可以不择手段、没有任何底线的同行业人士。而遇到过最心酸的事，就是在公司服务多年的大婶，因为不小心得罪了人事部经理被炒掉，还一分钱不给。

其实我很庆幸自己在职场上并没有受过多大的委屈，最坏不过是被陷害背了几次黑锅，最衰也不过是被客户在大庭广众之下把合同扔到脸上，这一切辞职之后立马就烟消云散了，而现在我连当时有多难过也不记得了，那天把辞职信扔到老板面前有多爽我也不记得了，不过是差不多一年前的事情，但对现在的我来说，竟然恍若隔世。因为我在工作中从来没有越过自己的底线，从来没有昧着良心做不道德的事。我的梦想还被保护得好好的，甚至发了芽，就生长在我曾经用汗和泪换来的钱上。

在职场那些年的修炼让我受益良多，最大的收获就是懂得了时刻要宽容、要理解，特别是对那些处境比自己糟的人，你不知道他们的人生里可能遇到的不公与坎坷，有些甚至是此生都走不出的困境；而你的“不知道”，是命运对你的眷顾，并非你比人家更应该过好日子。所以我很讨厌现在流行的“你不成功是因为你没有别人努力，活该你不如人”这类的文章。我在中学和大学里也经常被灌输这种思想，仿佛不做精英就对不起自己来过这个世界一样。但当下社会对“精英”和“成功”的定义究竟是什

么？如果只是能玩转资本、坐拥上亿资产，那我真不觉得这有什么好让人景仰的。我更敬佩的，是那些身陷命运的沼泽仍旧波澜不惊、潇洒前行的人。

我离那样的境界还差得很远，但只要不断修炼就好。希望我到70岁时，会变成个可爱的老太太，那时候我会重新学小时候放弃的钢琴，要学会弹肖邦的曲子，还要烤饼干给大家吃，捧一杯热茶，笑眯眯地谈起曾经的一切坎坷，而它们都像茶杯里升腾的热气那样轻。

有些事你已经忘了，可朋友圈还记得

文_陈大力

读者今天发了一个截图给我，是我的朋友圈，她说，大力原来你还玩过乐队啊。

我点进去一看，时间是2014年，内容是校内的一场小演出。那时候我发朋友圈的语气……说实话挺作的。

我回复读者说，那是很久以前啦，现在没有玩了。

然后悄悄地，不甚心虚地，把那条朋友圈删掉。

因为那时候的表达委实太幼稚了，图片也修得略显浮夸了，直接看到这条朋友圈，有一种跟两年前蓬头垢面的自己，猛然撞见的不适感。

尴尬，真的尴尬。

前两天朋友截她的QQ空间签名给我——“怎么会这样呢，你为什么要这样对我，我现在心如刀割”。

她说她真想把过去的自己揪出来，好好质问下，当时脑子哪里坏了？

我哈哈大笑，又很慨叹。

其实朋友圈也是一样的道理，很多你在当时觉得“非说不可”的东西，后来成了你自己给自己徒留的笑料。

之前认识一个摄影师，他的朋友圈很耐看，全是精致的棚拍、美好的模特，闲时研习外文典籍，或啜饮家门口的下午茶。算是精英了。

可是我再往后滑，一下子看到一条他在一年多前发的朋友圈，大概是失恋了吧，发了一大段酸溜溜的话，选的配图也没那么有格调了，还挺怨妇的，跟他现在的形象根本不同啊。

然后我问他，他有点难为情，说他也很想删掉的。

很多人都是这样的，不奇怪，纵使现在花好月圆得很，但过去，也总有在朋友圈里歇斯底里、斗胆剖白的时候。

我们用情极深，吃相狰狞，所以跟成长的这一仗，打得很不好看，留下了很多张牙舞爪的痕迹。

我们自说自话，我们不懂得收敛语气，我们总是为了某个人在深夜吐露心扉，句子里的失落满满当当，都不奢求他点赞了，只希望他看到就好。

朋友圈里曾经藏着你好多好多的卑微，好多好多的不懂事。

我朋友圈里也有蛮多“黑历史”，比如一时情绪失控后，口诛笔伐的抱怨，比如眼界很窄的时候，一丁点成绩就想锣鼓喧天，再比如低落的失恋时，絮絮叨叨抒一地鸡皮疙瘩的情。

都是些回头看来，会万分尴尬的东西。

所以我都删了。

所以再后来的朋友圈里的看客，没见过我失恋后发的凄凄惨惨，没见过我任何的心碎时刻，他们只知道我是情感博主，懂得公允又克制，教姑娘们遇见爱人要巧妙用力，四两拨千斤。

我闺蜜之前每次跟男朋友吵架，都会发满是戾气的朋友圈，但没几天就会删掉。大概后来她觉得不妥，所以再难受也只私聊，朋友圈里安静多了。

我亲眼见证了她和男朋友度过了漫长痛苦的磨合期，所以在后来听到她的新朋友夸她，真是运气好啊，拥有这么完美的爱情，男俊女靓的，我心里都会唏嘘一阵。

完美个屁啊，都是凡人，都很苦的。

我跟你讲，不是没伤口，而是很多伤口啊，我们都很乖地舔舐好了。

跟生活周旋多年，越来越计较吃相，发朋友圈都会掂量的，到底要怎么发，才能显示出我又牛逼又很云淡风轻啊？

真的，人人都有过好多吞苍蝇的时刻，但还是想在众生面前，光鲜又轻盈。

但偶尔吧，我还真挺想再看看，删掉的那些朋友圈。

我们都是淌过了很多心碎的，无数次人事倾轧无数次掩面痛哭，而很多分崩离析的时刻，想大声尖叫的时刻，在你朋友圈里昙花一现，被后来终于走出来的你，狠心删去。

可那些绝望，你是真真切切地经历过。

就像我认识的那个摄影师，他说，他也想把那些很哀怨、很不“精英”的朋友圈删掉，可是他舍不得。如果没有失恋，他不会走上摄影的道路，所以他特意把那些不体面的朋友圈留着，留作纪念。

其实过去的那些痛苦，少一个，都不会成全今天的你。

之前看张爱玲的传记，书里写她“从海上来”，事业顺遂，生活优渥，是个轻飘飘的天才。可我们不是，我们是普通人，我们要很艰难地跋涉过粗糙干裂的大地，才能听到一点点，遥远的海声。

而那些孤独跋涉时的伤口和眼泪，你其实忘不掉的，或者你以为忘了，可再翻朋友圈，还是历历在目。

但你知道你不能久留的，人生漫漫，纵然荆棘里爬行，终究要自己好好学着，担待痛苦。

伤口都再见吧，现在我啊，要重新出发。

第四辑 走出充满幻觉的世界

三毛，那个走遍万水千山的浪漫背影

文_格桑亚西

她以“自剖自白”的写作方式，榨干了花样年华的新鲜果汁，留下伤痕累累、皱皱巴巴的自己。她是一簇必得熊熊燃烧的火焰，不能忍受默默熄灭与冷冷余烬。

快三十年了。三十年前，早春的北京还很寥落。大学图书馆。没有课的下午。书是胡乱借的一本，博览性质的台湾女作家作品集，林林总总十多个中短篇，大体是唧唧哝哝的东西。借我高中女班主任点评作文的话，就是通篇“哎呀呀，我要死了”的无病呻吟。

看过之后，也就忘在脑后。只有三毛那篇，我因为喜欢，牢牢记住了。后来知道选自散文集《撒哈拉的故事》。

标题旁边配有作者小照，披肩发，太阳帽，很漂亮清纯的样子，以为是个大美人，后来见过她更多的照片，才知道除了身材高挑、心性特别，其实相貌平平，算不得美女，但文章是真的好。

时值国门初启，年龄是青春，季节是花季，校园里丁香开得不舍昼夜，月光下芬芳到撩人。肚子里油水和墨水都少到可怜的我辈心中充溢着干燥的激情，满脑子“莫等闲，白了少年头”的紧迫，“再过二十年，我们来相会”的热烈。

人生也好，爱情也罢，通通跃跃欲试，急切地想要澎湃一番，却苦于找不到参照系，不知道如何张口下手。教科书里永远只有宏大叙事，政治课上只讲空泛道理，一进入具体操作层面就隔靴搔痒，含糊其辞。

三毛的作品恰到好处地出现，犹如天降甘霖。《哭泣的骆驼》《雨季不再来》《稻草人手记》……一本接一本。《西风不识相》《平沙漠漠夜带刀》《结婚记》《娃娃新娘》……一篇连一篇。是兴奋药，也是安慰剂，又有点像摇头丸。

书中的三毛用迷幻煽情的语言，展现出一种我行我素的生活方式，背景是诡异瑰丽的大千世界。

她身着旅行装，在遥远的天际，眼花缭乱地升腾起一片变幻莫测的海市蜃楼，虽然缥缈，但是曼妙，令我等心仪神往；摄人魂魄，诱人效法，又发人疑惑和思考。你开始动摇了从前非黑即白的笃信。

人生意义原来除了保尔·柯察金格式化的独白，除了校训上“读书、识字、明理、办事”的死板，除了循规蹈矩、按部就班，除了成为一颗早晚生锈的螺丝钉的被动，还可以主动设想和安排，可以流浪、漂泊，体验生命的动感与刺激。

原来有一种生活方式叫波西米亚，它不是主流，不被正统认同，却遍及世界，生生不息；原来有一种状态是在路上，它有一点颓废，有一点放荡，有一点摇滚，有一点嬉皮，有一点不管不顾不负责任，但绝对迷人。

它的外观是牛仔裤磨出了破洞的，背包随意挎在肩上，相机必备，钱很少。它有晒成古铜或淡棕的肤色，抽烟的时候，嘴角的笑容是沧桑的，眼神也总在寻觅。异国他乡，萍水相逢，爱可以，但必得要分离，要竖起风衣的领子，缓缓地远去。

心灵的震撼带动身体力行，逆反在不知不觉中悄悄发生。变化开始了，无可救药。喇叭裤和邓丽君的歌多起来。夜色里游弋着成双成对姣好的身影。我上铺的兄弟狂弹吉他，对面的湖南人猛练手风琴。

政治辅导员慌了手脚，班主任李老师苦口婆心——他们忧心如焚。学校请来德育教育专家大谈生命的意义、崇高的理想、“四化”的责任。学校请出世乒赛冠军现身说法。有点效果。

但是三毛式的自由还是犹如北国之春的沙尘暴，呼啸着，从撒哈拉铺天盖地席卷而来，势不可挡。

僵死的计划思维和教条的人生模式在异域风情的引诱和浪迹天涯的梦想面前，开始锈蚀和松动，当然到最后的土崩瓦解又经过了漫长的好些年。这是记忆中的三毛时代。

20世纪80年代的三毛是一个奇异的天象，一颗彗星，一道闪电，一个UFO。她升起在乍暖还寒的北方春天，是一种象征，一个清新脱俗的文化符号，一股风气和时髦。

她以万水千山走遍的姿态、慧眼独具的视角、全球化的语境、自在潇洒的文笔，把一个风情万种的女人和婀娜多姿的世界，把任性的人生、意气的生活生动地展现在我的眼前。

她初二开始逃学，中学不能正常毕业。她在中国文化大学是不注册的选读生，学哲学。

她恋爱起来穷追不舍，死缠烂打，常常要遍体鳞伤，筋疲力尽。她口袋里揣着5美元，头也不回地登上飞往马德里的航班。她一生走过54个国家。吃白面包，饮自来水，省钱看博物馆，饿到发昏。在德国歌德书院，每天苦读16个小时，9个月拿下德语教师资格证，而且是德国“普通话”，正统柏林口音。

她执著、悲悯、慧黠、灵秀。仅仅因为读到美国《国家地理》介绍撒哈拉沙漠的文章，就不顾一切地要去，在那片被她描述为“属于前世回忆似的乡愁”的地方，嫁给小她许多的西班牙丈夫荷西，一待数年，发掘出众多脍炙人口的故事。棺材板、旧轮胎……她到处拾破烂，白手成家，把简陋小屋变成美丽宫殿，惹得房东眼红，要涨房租。她说母亲寄来的粉丝是冻在高山上的雨丝，美味的猪肉干是中国润喉片，把洋丈夫唬得发愣……

她的眼界和格调明显有别于琼瑶等同期华人女作家，书写的故事大多源于亲历，有很高的可亲近、可追随、可效法、可操作指数。

她是我大学时代的青春偶像和精神坐标，长时间的，不可替代，无法动摇。后来，毕业、工作、结婚、生子，生活忙碌而琐碎，三毛开始逐渐远去，定格为一个特定时代的背影。

我读的最后一本三毛的书是《万水千山走遍》。出差去小县城，就在破旧的汽车站读完，还在扉页记下："1987年2月4日，于荥经车站寒寂的候车室读毕，正当立春时分。"合上书，挤进晚点大巴，属于我的三毛时代无可挽留地画上句点。许多年过去，世界还健在，谢幕的是人生。"风呼呼地吹，海哗哗地流"，这是三毛早期作品《惑》中的两句。

三毛若活着，今年该是68岁的老妪了。虽然化妆术可以很先进，但岁月不饶人，如果她还穿娃娃装，梳童花头，披一袭波西米亚风格的大方巾，街头巷尾，逮住人猛讲撒哈拉，也是件超级恐怖的事情。不知媒体会怎样渲染，李敖又会怎样挖苦。

更残酷的是被遗忘。街头巷尾，说自己是三毛，上世纪

七八十年代很红的资深“超女”，人家摇摇头，困惑地笑，咕哝一句：“不知道啦！”留下寂寞的老人，在台北的灯红酒绿里踯躅。

1991年1月4日，她在48岁的盛年，果决地终止了已经步向凋萎的生命，是我行我素，也是旷达。

这个相信自己前世是印第安人的女人，一直就对墨西哥的玉米神和自杀神感兴趣。

对爱戴她的家人，这方式有些自私和残忍，但是，性格即人生，以三毛的角度思考，舍此，难道还有别的路吗？她以“自剖自白”的写作方式，榨干了花样年华的新鲜果汁，留下伤痕累累、皱皱巴巴的自己。她是一簇必得熊熊燃烧的火焰，不能忍受默默熄灭与冷冷余烬。

路已走到尽头，天已凉下来，青鸟飞走，撒哈拉的故事曲终人散，冬季的台北，适合看雨。

不算长但密度很高的生活，如同她对姐姐说过的，“我之一世已经超出普通人十世”。

趁还有点力气，赶紧谢幕。

玩够了。跑累了。爱伤了。该走了。撒哈拉的女人去寻找荷西和梦中的橄榄树了。

三毛颠颠倒倒的人生，就是庄周梦蝶的故事。梦中的毛毛虫熬过孤独的茧藏时光，终于蛹化成蝶，翩翩而起，满世界狂飞，由台湾到西班牙、德国，到非洲、拉美。飞途中爱上一只名唤荷西的西班牙大黄蜂，只不过运气不好，大黄蜂命中犯水，早早淹死，留下蝴蝶原地打转，兀自心碎。

倏忽间哭醒，湿了枕头，却是南柯一梦。

做梦的人好端端睡在床上，依然是大名陈懋平、小名妹妹，爸爸爱妈妈疼、姐姐弟弟让三分的陈家老二。

合江路36巷陈家宅子，台北4月晌午的阳光，玉兰斜斜的花影，投向梦蝶女子挂纱帘的窗。又是梦里花落知多少的季节，怀旧三毛，有温情，也有感激。一个时代与三毛有关，一些日子和三毛的文字分不开。

我不能同意李敖的话。他说："三毛很友善，但我对她印象欠佳。三毛说她'不是个喜欢把自己落在框子里去说话的人'，我看却正好相反。我看她整天在兜她的框框，这个框框就是她那个一再重复的爱情故事，其中有白虎星式的克夫、白云乡式的逃世、白血病式的国际路线和白开水式的泛滥感情。

如果三毛是个美人，也许她可以有不断的风流余韵传世，因为这算是美人的特权。但三毛显然不是，所以，她的'美丽的'爱情故事，是她真人不胜负荷的……"太过刻薄。符合李敖一贯的故作惊人。其实，包括李敖在内，谁人不是落在有形无形的框框里？

框框可以是有形的竹篱、木枷、围城、高墙，可以是作茧自缚、画地为牢，囿于某种谎言、观念、说教、思想。框框的边界并不固定，可以拓宽，可能缩小。睡在巴黎先贤祠地下墓室里的卢梭说过："人生而自由，却无往不在枷锁之中。"对于当年的我来说，三毛的框框已经足够大。

那个启蒙时代，那段青涩岁月，那些温柔的夜里，自诩异乡赌徒的三毛用她绘声绘影的笔，永久留下一个走遍万水千山的迷人背影。

"我笑，便面如春花，定是能感动人的，任他是谁。"这是三毛的话。是的，我没有忘记，我感动过。

来自叙利亚的邻居

文_任盈盈

1

我第一次见到卡瑞姆是在一个夜晚。

我们搬到新租房子的第二天，从超市买了大包小包的食物以及生活用品，蚂蚁搬家般把它们一点一点搬到房间里。

邻居开车回来了，是一辆中型SUV，没有径直开上车库的车道，而是缓缓停在门前的小路上。因为我们两家的车库紧挨着，看到我们正在忙碌，他们就先把车停在外面，方便我们搬东西。这个充满善意的举动令我心头微微一暖。

邻居下了车，是一个英俊的大块头，一张友好的阿拉伯面孔。他和我先生用力握手，用非常纯正的英语自我介绍道："你好，我叫卡瑞姆，非常高兴认识你们。"

这时，他的妻子也下了车。和所有的阿拉伯女人一样，她穿着一袭长及脚面的长袍，面容姣好，深色的头巾把头发严实地裹起。中东女子本来就显得神秘，此时，在夜色的衬托中，她的眼睛格外深邃明亮，一如秋水般澄澈。

令我吃惊的是，如同从古老的神话故事中走出来的她，居然有一个非常西方的名字——黛安娜。

一直以为黛安娜不太会说英语，因为她是寡言的，多数时候只是善意地微笑。但是有一天当我得知黛安娜是叙利亚人，出生在德国，父母都是成功的外科医生，而她自己主修英语文学时，我大吃一惊。

卡瑞姆也是非常优秀的。他是一名出生在加拿大蒙特利尔的叙利亚人，成年之后回到叙利亚首都大马士革做生意，遇到来自德国、有着同样信仰的黛安娜，两人很自然地结合在一起。

在叙利亚，他们算是不折不扣的贵族了。双方家境殷实，卡瑞姆从事木地板加工和出口生意，生意最好的时候，工厂里有两百多个工人。黛安娜经营着当地最大的一家美容沙龙，同时还在大学里兼职教授英语文学。

两人一共生育了三个孩子。孩子们就读于国际学校，他们有保姆、司机、漂亮的房子……但是突然有一天，叙利亚内战爆发，持有外国护照的他们只好逃离叙利亚。虽然没有骨肉分离，但房子没有了，生意没有了，银行存款没有了……所有的财富顷刻间化为灰烬。卡瑞姆告诉我："We start from zero."（我们一切从零开始）

这时，大儿子即将上大学，两个小家伙刚上小学，生活的压力可想而知。黛安娜不得不去超市打工，卡瑞姆继续做木地板生意，只是生意规模和从前不可同日而语。

但是不管面对多大的困难，夫妻两人坚持一点：要让孩子们专注于学业，保证每个孩子都读完大学。

2

春天到了，院子里的草皮泛绿了。因为还没有买来割草机，我只能眼睁睁地看着满院子的草一天天疯长起来。

一天中午，我正在屋里看书，突然听到花园里传来轰隆隆的割草机的声音，透过窗户一看，一个十五六岁的阿拉伯少年正推着割草机在帮我家割草。

我急忙冲进院子。看见我，少年关掉割草机，笑着冲我伸出手来。阳光很烈，他的皮肤被晒得通红，浑身上下被汗水浸透。

我不好意思极了，赶紧表示感谢。少年伸出臂膀做出健身的

动作，宽慰我：“不需要感谢，我正好通过割草锻炼肌肉。”

这便是卡瑞姆家的大儿子哈里斯了。因为正在申请大学，课业非常紧张，平时他多数时间待在家里读书，只有在干活的时候才会露面。哈里斯说，他的愿望是上美国的一家医学院，将来当一名医生。

这个心愿让父母既骄傲又有些忧虑。因为在北美读医学院，可不是一般人读得起的，不仅时间长，而且花费不菲。因此，哈里斯从高中起便开始打工，暑假去游泳俱乐部当教练，冬天去溜冰场清理冰面，而丰富的社会经验也让他拥有了远超同龄人的成熟与良好的教养。

哈里斯的弟弟名叫阿罕，妹妹名叫阿曼，虽然年纪都很小，却有着和哥哥一样的安静友善。每天清晨，阿罕和阿曼总是背着硕大的书包一前一后走出家门，乖乖地站在校车点等校车。下午放学时，卡瑞姆也从来不去接孩子。而阿罕与阿曼，如同归巢的小鸟，乖乖地自己走回家。

有一天，卡瑞姆邀请我去他家里参观。虽然也是一栋town house（联排住宅，有独立的院子和车库），只是因为一家五口人同住，在本地人看来算是“蜗居”了。但他的家里非常整洁干净，一点儿都不会显得窘迫零乱。

因为接触多国文化，卡瑞姆家的语言非常“混乱”，法语、英语、德语、阿拉伯语同时进行。这在我看来是不可思议的事情，对于这家人却稀松平常。阿曼告诉我，父亲告诫他们，一个人一生中至少要掌握4门语言。

3

盛夏，加拿大的黄金季节到了。

本地盛行BBQ（烧烤）。周末的傍晚，一大家子热热闹闹地坐在后花园的露台上，围着一个烧烤台烤肉、弹吉他，天南海北闲话家常，几乎是最令人享受的夏日派对文化了。

卡瑞姆一家也非常热爱BBQ。一个晴好的周末，我们相约去湖畔烧烤，一向忙于打工的黛安娜也难得地加入进来。那天，我们准备了腌鸡翅、牛肉丸、玉米、虾串、沙拉以及各种饮料，黛安娜用新鲜薄荷泡了热薄荷茶，一位摩洛哥朋友更是细心地准备了香味浓郁的阿拉伯咖啡。

在湖畔，孩子们在湖里游泳，男人们忙着生火，照看烧烤台，女人们坐在树荫下聊天。那天，黛安娜穿了一件绿色的长袍，用一条白纱巾包裹头部，恬静而美丽。我看着她，无法想象这样一位优雅的女子不久前刚从战火中逃出来。

看不出一丝一毫的悲凄怨愤，只有拥抱此刻的幸福安然。

黛安娜和我讲起在叙利亚时自家的烧烤台，几乎算得上一个豪华建筑了，用上千块碎砖砌成的拱形烤炉，大理石砌的台面，烤架下永远铺满木炭，烤台大得可供几十人同时用餐。

我问她：“你会时常想念过去的生活吗？”

她说：“当然会。但是我也享受现在，因为我们一直和孩子们在一起，虽然失去了财富，但是我们没有失去希望。我的孩子们会上大学，等经济好一些，我也会去学校读心理学专业，希望能当一名心理医生。”

“你还会去读书？”我惊讶极了。

“是的，这是我的梦想。”她笑了。

正在旁边烤肉的卡瑞姆听到了，头也不抬地更正道：“不是梦想，而是计划，我们正在一步一步实现。”

我一时间居然不知说什么好。抬眼正看见在河畔照顾弟弟妹妹游泳的哈里斯，粼粼水光的映衬中，这位阿拉伯少年英俊得宛如从神话中走来。

有些东西可以被轻易摧毁，但有些东西，纵然战火来袭，也依然熠熠闪光。

六个人的“鬼城”

文_另　维

1

有这么一座城。见过它之前，我从不知美国有这么美的城市；见过它之后，我再也没遇见过那样动人的地方。那座城有一个很法国的名字——萨凡纳。

2

2014年12月，出版公司补了我万把块钱，又卖出几本书的电子版权，我手里有了积蓄，便和死党李泓业策划了一趟寒假租车自驾游，13天，2893公里，由南向北，途经美国九州十一城，最后在纽约迎接新年。

我和李泓业在网上招募了四个旅伴，我负责预算和联络住宿，李泓业掌管路线和景点。所以抵达之前，除了萨凡纳是美国南方最古老的城市，斯嘉丽的爸爸是在这儿做棉花生意致富的之外，我对它一无所知。

六个人一路开车一路拍照，过了22点才驶入萨凡纳，饿得一辆七座的SUV里，只听得见肚子咕咕叫的声音。

“河岸街，萨凡纳历史区之精华，石街的石头全是欧洲货船卸下的压舱石，沿街的欧式建筑，栋栋都是历史文物。现在是风情商业步行街，肯定有吃的，出发！”

河岸街果然有美食。我们冲进一家餐厅，水晶吊灯，巨幅油画，服务生西装革履，餐桌上白桌布、银烛台，生蚝在三层银盘上——所有迹象都表明“价格不菲”。

不能再饿了，我们忍痛入席。食物端上来，精致又美味，简直超值。

身后裱框的木质老照片里，两百年前的萨凡纳，一百年前的河岸街。黑人白人熙熙攘攘，货船密集，沿街都是叫卖的摊贩，建筑考究，一层都是橱窗，隔着时光都能感受到那没有尽头的繁华。

服务员说，照片都是这家餐厅的历史，周围的百年老店还有许多。这真的是以没有历史闻名于世的美国吗?

吃饱了才发现，空气真好，微凉。萨凡纳河虽被夜染黑了，娴静的气息是遮不住的。对岸泊着货船，零星的灯光奋力照耀水面，却被河岸街的店家们轻易比了下去。建筑都是欧式的，橱窗上有篷，用哥特字体写着店名，店名下写着店龄。路是石板路，两条电车轨道蜿蜒前行。轻风拂面，还未卸去的圣诞节装饰——红球绿藤银蝴蝶结随风摇曳，不出声。一切静谧，优雅而美好。

突然，一辆大黑车从轨道上咣当当驶过去，车里的尖叫惨绝人寰，我眼神不好，还未弄清状况，六个人中胆子最小的董哒哒已经在哭了。

“是鬼，我真看见了！”

萨凡纳确实有“鬼城”之称，自1733年建城时便不安宁，到1778年，先被英军攻占，又被美法联军围剿，独立战争后，再历经南北战争，风暴、火灾、两场瘟疫，回回死伤无数。于是，闹鬼的传说就多了。网上一搜，厨房鬼、仓库鬼、公园鬼、墓地鬼、窗上鬼、河岸街鬼、小女孩鬼、怀抱婴儿的女鬼、老人鬼……每个都标明时间地点，还配了照片。我仔细看了两张，手机都吓掉在地上。可河岸街分明是祥和的，居民见鬼车，淡定堪比日本人遇见地震。我正感叹，忽然又是一辆车呼啸驶过，六人组抱作一团乱叫，吓到路人。说起鬼车，他笑指前方十米的小门

面——“萨凡纳午夜鬼宅之旅”！

敢情闹鬼也是旅游项目，必须一探究竟。

我们赶上最后一班鬼车，大门一关，状态就来。导游粗略介绍，然后怪叫，引得全车人跟着疯。但我的心还在河岸街商铺群流连，加上听不太懂南方口音，完全像局外人。

鬼车窗外，沿途都是被夜遮得只剩轮廓的公园和老屋，导游左指右指，这个公园执行过绞刑，那边街道炸到过孕妇——“你以为这是街心公园吗？不，这是街心墓地兼公园。白天很美哦！”

鬼宅是一座满是巴洛克式家具的豪宅，灯光辉煌，色彩绮丽，由黑丝袜、红唇、黑面纱的金发妇女接待，我们看房听故事：战争时有一位美艳少妇，长辈、丈夫、晚辈纷纷死在异乡，留她一人，一生幽怨，装扮房子，于是房子美如画，简直如博物馆一般。一车人看完书房看餐厅，然后排队进后院，有点儿像房产泡沫时代的看房团。

豪宅看了几间，终于来到破宅，角落散落着棺材，上面有塑料蜘蛛，又大又软，胆大的金发男孩捡起来扔在女孩身上，女孩尖叫，蹦跳着抱住他，还踩到旁边的人，就这样自我介绍，互加网络好友了。

一车人渐渐熟了，高高兴兴地进入地下仓库，不知导游何时消失。突然，白炽灯闪烁，导游的惨叫声从外面传来，男人们率先冲上去，门锁了，踢不开。

窗户破碎声、鼠叫声、雷电声纷至沓来，满屋都是尖叫和啼哭，李泓业脸都吓白了。我摸黑去找胆子最小的董哒哒，她竟很安静，再一看，她身旁紧跟着阿周哥，他拍着她的后背，悄声地说：“没事的，我在。”

六人行，小团体不可避免，小暧昧也有拨云见日之势。

最混乱之际，一个白面獠牙的破衣人跳窗而入，张牙舞爪，满屋乱跳，自称是鬼，讲起他爸、他妈、他哥哥、姐姐、弟弟和他惨死的故事。

一车人放下心来，静静地看他表演。

出门见满天繁星，女生们在微风拂面的夜里欢呼转圈，男生一面翻三脚架，一面商讨去哪儿拍摄星空。李泓业说：“去家门口吧，不然萨凡纳的房费要白付了。”

已是凌晨两点。

住宿满是惊喜，二层小楼，墙壁是天蓝色，房间收拾得崭新干净，餐桌上还有主人留下的饮料和“欢迎入住”的小卡片。

躺在厚实的席梦思床上，又软又暖又香，快被催眠成功了，一看玻璃窗外静谧的繁星，又舍不得睡了。

3

萨凡纳是殖民时代的英国人规划建设的，像棋盘，四通八达。就算不看地图，沿着一条直路走，总能到达想去的地方。

清晨7点，鲜有车声人声，到处都是静的，只偶尔有马车经过。比起凌晨5点开始堵车的西雅图，这里简直像是被时代遗弃了。

满地都是阳光从树隙投下的光斑，不晒，我们一面走一面踩。路口除了斑马线，还有许多古迹介绍牌和指路牌，GPS不要了，老屋、古树、路牌一路看下去，街心花园就到了。

傻阿甘坐在公园长椅上讲自己的故事，说出那句著名的“生活像一盒巧克力糖，你永远不知下一颗会是什么”，就是在这里。

电影《阿甘正传》中的长椅已经在博物馆里，但阿甘身后的铜雕像还在：英国将军，佐治亚殖民地创始人，从1910年伫立到现在。还有1736年自英国远渡美洲传教，却纠缠于爱情的牧师，也把故事永远留在了这里。我身边的五人，三三两两并行，说着我听不见的耳语，他们也将把故事留在这里。

像这样的街心公园，这座城里有20多座，全是为纪念在战争中逝去的生命。

穿过墓园，穿过喷泉，美人鱼和天鹅仰着头吐水，水很细，像雾，空气中仿佛也是有雾的，朦胧但不过于湿润。阳光下，整座城都氤氲在一大团雾中。

11点了，城市还静得像在午睡。

街道上的马车精致，细轮，小椅，颇有哥特风格。黑衣的妇人、男人赶着马，驶过街口，我们追着拍照，嬉戏、奔跑，但不敢喧哗，一会儿就追到了圣约翰大教堂。

这栋建筑外墙通体洁白，金漆描边，放钟的阳台上有绿色尖顶，仰望起来，有直入云霄的错觉，窗和门都大得像误入了巨人国。

大约400年前，英国人统治东十三州，最南端是佐治亚，萨凡纳便是佐治亚州首府。英国信奉新教，但大教堂是新教领地上的天主教堂，英国人便三天两头发禁令，直到1796年，美国独立很久了，大教堂才重新繁盛起来。

200多年过去了，这里还是这么庄严静穆。周日中午，游客络绎不绝，一进门，脚步自动就轻了，偌大的教堂里一点儿声音也没有，天花板上蜿蜒着圣经故事彩绘，因为太高，看不太清楚，两旁的彩绘玻璃窗把阳光染了色，光芒一柱一柱投在地板上，微尘清晰可见。

4

2015年4月。

我在前往萨凡纳的高速公路上想念萨凡纳。

我还记得要离开的那天下午，我们欢快地游荡了小半个历史区，发现忘记把车停哪儿了。李泓业很着急，我正愁还没坐过马车，连忙出主意："正好乘马车去找呀！"拦下一辆，坐上去，奋力冲大部队招手。阳光洒在他们无奈的脸上，风吹起年轻的刘海儿。日后我被问起去过的最美的地方，不假思索都是萨凡纳。

眼前却是阴天。

越靠近萨凡纳雨越大，耸立的尖顶教堂、古旧钟楼、穿插在斑驳老墙间的公园，全部被笼罩在水线里。街上没有行人，也没有车。天色暗，空气闷，我只看见雨刷刮水，听见雨打车窗。

一切都阴森森的，我想起那些鬼故事，匆匆拍几张"到此一游"的照片，调转车头就跑。

最美的地方上哪儿去了？

我忽然想起那五张脸。

2015年1月1日，六个人在纽约告别，依依不舍，散伙饭、散伙KTV、散伙布鲁克林大桥散步，越散越散不开。

然后，一架架飞机飞走，"朋友圈"的内容很快变成工作、功课照，13天的旅途被淹没了，微信群也渐渐安静下来。除了其中变成情侣的一对，其他人各有生活，只偶尔看见"朋友圈"六人互赞，提醒那段共同的时光，却很少再联络。

我打开微信群，发送几张雨中的萨凡纳："伙计们，我故地重游了，想你们。"

很快收到回复："雨好大。""去那儿干吗？""我也很想念大家。”“去忙了，回头聊。”

原来，岁月当真无可回首。

景色美好是因为掺杂着其他美好的情节和记忆。萨凡纳的美，美在美食、美景，更美在劳顿一整年的放松，一群年轻自由的人，鲜衣怒马，浪迹天涯。

只是，有缘相聚的人，只有极少数还有缘再会。

即使人能再会，时光也无法倒流，状态过了就过了，只能在心里回首，不能用脚重走，否则就像我重游萨凡纳一样，劳心劳力，破坏了仅有的美丽记忆，狼狈逃离。

该怎么办呢?

向前走。

实力够了，心敞开了，世间就永远有等待发现的新美好。我拐弯，踩一脚油门，朝另一座美国老城查尔斯顿驶去。

亲密有间

文_陈蔚文

1

女友从北方打来电话，说起自己的父母，一如既往地苦恼。她刚和父母闹了矛盾，起因是中午她丈夫去接上兴趣班的女儿时，比预计时间晚了半个小时还没到家。父母便开始在餐桌上唠叨，说这么久没回来，谁知道上哪儿了。

女友说："能上哪儿，大概在路上去买东西或堵车了呗。"

"怎么可能堵车？这是周末，又不是上班时间！"她父亲生气地说。女友无话，堵车和上班时间没有必然关系啊，再说丈夫是成年人，有事会打电话，父母也未等他吃饭，丈夫的晚归并没耽误他们正常用餐，这有什么可生气的呢？女友也是个急脾气，争辩了几句，父亲更火了，从女婿的晚归说到女婿家的各种不是，不管是在物质付出还是帮带孩子上，都远不及谁谁谁的亲家。末了，他说："这倒不是我们计较，实在是他们家太不明事理。"

"这倒不是我们计较"——可这明明就是计较。女友说，他们不是不知道，时常这样说对她和丈夫的关系会有不良影响，可他们只顾自己的感受，常当着她的面指责亲家。

手机响了，是丈夫打来的，果然是堵车，说路上遇到一起交通事故，堵得水泄不通。女友转告了父母，但这并没让父亲消气，反而让他更恼火——他心疼外孙女这么晚还被堵在路上没吃饭，他说："早让他骑电动车去，他非开车，这下好了吧。"

这顿饭，女友吃得不是滋味，憋了一腔怒气。不过就是丈夫晚归些，就能扯出这些不快。若搁别人家，这是个事儿吗？

女友在电话里叹了口气，这口气中包含着她难以言尽的憋屈。

一直以来，她与父母的关系就不佳，总为一点儿小事就吵起来，互不相让，经常不欢而散。

她是家里唯一的女儿，父母一直跟她生活在一起，帮她料理家事，照顾孩子，她承认父母很辛苦，可她更希望与他们分开住。

“你知道那种帮衬也是一种被绑架的感觉吗？”是的，这不仅仅是女友一个人面临的问题，这也是许许多多中国家庭的境况——一方面是父母巨细无遗的操心与付出，另一方面，伴随付出的是喋喋不休的抱怨、责备与失落。年深月久的纠缠中藏着无解的疲惫。

2

今年在美国进修时，在一节公共关系课上，我向金发美女老师提了个问题，问她和父母或者公婆是否会分担对方生活里的许多事。美女老师说：“No.”他们有各自的生活，也有各自解决问题的方式，平时他们会相互走动，但仍保持必要的距离。

零距离，这大概是中国家庭的相处模式，唯有零距离才能表达彼此间的“亲密”。“亲密无间”这个出自《汉书·萧望之传赞》的词语充分说明了“中国式亲人”的关系。

彼此记挂、付出，也彼此消耗、折磨，彼此都怀着“我已经做得够可以了，你还要怎样”的委屈。一次次争吵，一次次和解，然后是再吵、再和解，这样的相处模式使生活布满或大或小的烦恼，这些烦恼要不了人命，却使人的生活质量与幸福感下降了若干百分点。

我和父母也有着经年累月的磕碰，常为一些琐事而争执。这些争执背后是各自不同的生活经历，以及在这些经历之上衍生的理念与价值观。它们深植于生活经历的土壤，有着深厚的根系，不可轻易动摇。

换句话说，谁也难以改变谁，而矛盾的核心往往是大家都试图改变对方。这种试图贯穿了一辈子，也就有了一辈子的争执。

这大概就是典型的中国式亲情：纠缠至深，爱与怨都如此。看似是爱，但双方都不满意，双方都觉得对方令人失望、不知好歹，比如电话那头的女友——她一直是她父母的生活中心，他们所做的一切都围绕着她，这也成为他们抱怨的底气，女友若没顺着他们的心意，在他们看来就是“不领情”。

这看似殷切无私的“爱”，对女友来说，却是不能承受之重。

3

与我合作过的一位心理学家说：“有些父母不是不爱孩子，而是根本没能力爱。在如何去爱子女的心智能力上，他们也许只有5岁或10岁。他们自己还是个一直没学会爱的孩子。”爱孩子听上去是天性，无须学习，但事实是，“纯天然”的爱常夹着杂质，会造成伤害。

最好的爱，不仅是体力的付出或物质的赠予，更是令对方心灵自洽，感到人生踏实，无论碰上什么事，会有自己最需要的那一种支持。这就需要“亲密有间”。

距离原本是保持良性情感的必要条件。不仅是地理距离，情感关系中的距离感同样重要。父母与子女未尝不是一种社交关系，如果按正常的社交规则，彼此都多一些尊重、理解，而不是以爱为名的命令、指责，双方会相处得更融洽。

4

曾读到一首卓别林的诗，《当我开始爱自己》：当我开始真正爱自己/我开始远离一切不健康的东西/不论是饮食和人，还是事情和环境/我远离一切让我远离本真的东西/从前我把这叫作“追求健康的自私自利”/但今天我明白了，这是/“自爱”……/我们无须再害怕自己和他人的分歧，矛盾和问题/因为即使星球有时也会碰在一起/形成新的世界/今天我明白，这就是“命运”！

既然这就是命运，在现有的无法选择的条件下，先真正爱自己吧——包括接受“这就是我的父母”这一事实。他们爱唠叨、勤俭、有脾气，固执得像头牛，常说些自己特别不爱听的话，但同时，“我的父母”也是在我遇到困难时最先替我着急的那个，是可以无条件把自己当作薪烛，为儿女发出光热的那个。

似乎是不能要求更多了，要求也白搭，父母没法选择，唯一可选择的是你对他们的担当，或者说担待，哪怕有时角色颠倒——像当年他们包办你的童年、青少年时期一样，现在你要包办他们的晚年了。只是，你不能再以他们当年“纯天然”的性子去包办，“得更高级，有智慧在里头”。

不争论，尽量理解他们的想法，如果理解不了，尽量尊重他们的生活习惯；有所回应，有所不回应，有时不妨和他们打打马虎眼儿；多想想他们的话里是否有值得你重视的东西，尽管他们的表达方式你可能不喜欢；铭记老了的父母是另一种任性的孩子；别觉得除了你家，别家都跟广告里一样一团祥和，事实是，关起门来，家家有本难念的经；别把以往的不快计入今天再找不痛快，历史该忘时还得忘，倘若一定要记，记那些让你耳热鼻酸的感人场景吧。

以上是我能想到的智慧。

捡钥匙的人

文_刘云芳

“很多宝贝不是买来的，它们偷偷藏在某个地方。”这是五岁的儿子告诉我的。这句话跟很多捡来的物件相关。比如一块形状奇特的石头、一根铁钉、一截好看的木棍……儿子总忽闪着大眼睛问我它们原本的所在，并小心地将它们带回家。有时候他看到一件很美的物品，却发现它们不过是路上的弃物，就会说“地球人太过分了”或者“人类怎么能这样”。

在我家里，捡来的物件并不少见：一段干枯的紫薇树枝做了插瓶，一截蜿蜒伸展的桃木根须里安放着吉他，干枯的松塔装饰着一个小小的器皿……这些看似无用的东西，因为记载着我们发现它们时的欢欣，成为我们最为喜爱的玩意儿。

那天，我带儿子出门，他忽然看到路边有一把生锈的钥匙，弯腰捡起，视若珍宝。等我丈夫下班回家，他便一路奔到门口，兴奋地举起钥匙递过去，诉说着它的来历。

我丈夫一脸欣喜，从钥匙不太规则的凹槽里鉴定出它的出身：这是一把手工钥匙。这样的钥匙现在已经很少见了。儿子听得认真，接下来生出了无数个问题：这钥匙是谁做的？跟它配对的锁在哪里？它为什么会被主人丢弃？我和丈夫试图为他还原一把钥匙的出身，它是怎么被丢弃的，又是怎么在风雨里焦急地等待自己的新主人的。我们还想象着是一个怎样的老工匠打磨了这把铜钥匙，而后来钥匙又被挂在了谁的腰间。再后来，防盗门盛行，这样的钥匙与锁慢慢退休。它或许是因为没有用处被遗弃了，也可能是无意间被丢失了。总之，看它身上的铜锈，我们断定它已经在那条路上停留很久了。听到这里，孩子的眼里滚动着泪珠。我想这把钥匙已经开启了他内心最为柔软的部分。他望着钥匙出神地说：“我想做它的新主人，不管怎么样，都不会抛弃它。”

我丈夫很爱动手做些什么，一截竹竿加几个曲别针，在他手里变成了晾衣竿；一个葫芦他烙画几笔之后就变得无比精美；连洗衣机里坏掉的离合器，在他眼里也是有用的。让最有质感、最坚硬的东西拥有最温柔的含义，这是他所擅长的。当孩子提出要改造这把钥匙的时候，丈夫立即同意了。

这之后，丈夫一有空就坐在操作台前，切割、雕刻、打磨。第二天，钥匙原来有孔的部分被切去，整个身子卷曲了；第三天，钥匙原本细长的那一端的边沿多了一个小孔，宽的那部分，多了祥云的纹理……在这个过程中，孩子一直默默陪伴着，他耐心地等待着奇迹的出现。最终，一根棕色的绳子从新孔里穿过，一枚精致的小如意挂件在丈夫手里晃悠着。丈夫小心翼翼地将它挂在孩子的脖子上，无比温柔地调整着绳子的长度。我看到，铜制的如意挂件跟孩子的笑容一起闪闪发光。

这个如意挂件成了孩子最珍爱的礼物。在小朋友面前，他会忽然用两只小手轻轻地捧起它，说这是爸爸送给他的礼物。而在他爸爸心里，这礼物来自孩子——因为他捡来了钥匙，爸爸才能拥有这创造性的体验。

之后，孩子在街上还捡过枯叶、螺丝，以及别的什么，他会娓娓道出一个温馨的故事，他说，这是它们的秘密，让他听到了。而我也相信，发现美的目光是一把万能钥匙，能打开许多事物的秘密之门。

夜晚，看着孩子熟睡，丈夫说，我们都要做那个擅于捡钥匙的人。而这句话，也正是我想说的。

失去“根”的老方

文_清清小雅

10年前实现了“乌托邦”的梦想

老方今年52岁，中等个子，人很精神，做卖苦力的短工。他的电动车车筐里常年放着一个帆布包，里面有一身粗布工作服、一个被茶渍浸染得看不出颜色的塑料水杯，还有一个大口罩，专为卸炭或搬运化肥、水泥而准备的。

我第一次跟老方打交道就感觉这人挺有个性。一车煤炭40吨，卸炭费200元，老方执意独自包揽，绝不找搭档。我说：“何苦呢？”“那可不成，这活儿最容易偷懒，多一铁锹，少一铁锹，没个数。”老方摆出一副绝不妥协的架势。卸炭工很难找，小伙子都不愿干这活儿，尽管老方已属“高龄”，但他仍是雇主眼中的香饽饽。

10年前的春天，村子里的高音喇叭不停地播放关于村民拆迁补偿的消息，静谧的村庄顿时沸腾，每个人的心也跟着敞亮起来，不再面朝黄土背朝天，更不需要靠土里刨食挣钱，有楼房住，有补偿款，60岁以后，每月能领300元的养老金。城里人的日子，一直是老方心中向往的“乌托邦”，他拼尽力气实现这个梦想，可现实总是赶不上理想的脚步。

一夜之间，天上的“馅饼”就像老方扛着去田间劳作的锄头，实实在在地握在手中，压在肩上，老方美好的“乌托邦”就此成真。按照补偿条款，老方一家三口一次性得到35万元现金和一套120平方米的安置房。老方心生感慨：“若不是‘只生一个好’，我还能多分到钱和房子。”老方特别强调了这句，仿佛说出来，他的遗憾就能少几分。

周河是老方的邻居，他家兄弟多，负担重，典型的家徒壁立。获得拆迁补偿后可谓否极泰来，周河一家人成了村里的“巨富”，近百万的补偿款以最快的速度让周河的大哥在不惑之年成功摘掉“剩男”的标签。老方转述周河家的故事时，满脸的羡慕嫉妒恨。

同样是钱，拼死拼活挣来的和白白到手的有天壤之别，前者

每花一分都要精打细算，后者却轻松了许多，随用随取。宝胜置办的首个“大件”是车。父母说买辆几万的或二手车即可，宝胜财大气粗：“买便宜车我可丢不起那人。”没几天，宝胜将20多万的车停在了楼下。紧接着，宝胜开车带着媳妇买金购玉，听人说，城里有钱的女人都戴这玩意儿。

我问老方买车没，他摇摇头：“我那点儿钱可不敢乱动，还了一部分外债，儿子上大学，眼瞅着马上就得成家，这钱真不经花。买车也是累赘，我总不能开着车去做短工吧，谁敢用我啊！再说了，遇上放炮或下暴雨，宝胜都得下楼查看他的爱车有无大碍，哪像我，电动车往地下室一锁，省心。”

与城市始终隔着土地的距离

以前逢年过节去城里走亲戚，老方看着人家窗明几净的房间，精致华丽的装潢，连卫生间都干净得让人手足无措，非常羡慕，想着什么时候自己也能住上这样的房子。现如今，梦想变成现实，反倒不适应了。用了几十年的各种农具无奈失业，老方将个头大的农具送人，只留下一把锄头、一把镰刀和一个竹篾编的簸箕。倘若一件农具都不剩，老方担心会忘了自己曾经是个农民。

城市的色调是繁华的鲜亮，而老方总是灰色调的，与其格格不入。老方有时要去远处做短工，天蒙蒙亮，他便坐上由面包车改制的“班车”，到夜幕降临时才满身脏兮兮回来，风尘仆仆走进写有洋名的小区。在霓虹灯的映衬下，老方自嘲：“我这身行头真给小区丢脸。” 小区是城市特有的叫法，清爽洁净，而老方感觉自己就像突兀闯入别人家的客厅，不礼貌且拘谨。

小区封闭式的居住环境也隔开了人与人之间的情分。家家户户铺着精致的地板瓷砖，玄关处放着除尘地垫，老方对门住的是他的发小，但他不好意思敲门去打扰人家。这可不像从前的炕头，鞋一脱，盘起腿，男人们围着炕桌侃大山，痛饮干杯，女主人在灶台上舞弄锅铲，煎炒烹炸。老方只能在记忆中慢慢追寻以往的种种痕迹，就像他努力要找回土地的根。

老方见了土地最亲，在上面撒上种子就能养育出蓬勃的生命。老方也学城里人，去早市买回大小不一的花盆，种上小葱、韭菜、青蒜苗。精巧的花盆只能做阳台上的点缀，哪能和老院子里的石榴、香椿、山楂树相提并论。老方还想种些大白菜、青萝卜、玉米，可惜找不到一望无垠的土地。

老方与城市始终隔着土地的距离，很难融入其中。

10年时间移根换叶

钱来得快并非好事，千金散尽后的炫耀满足往往伴随着迷失方向的恐慌。最初，老方也曾得瑟过，睡到日上三竿才起床，午饭后去棋牌室打牌，晚上在广场跳舞，假日出去旅游。仅仅逍遥了一年多，老方开始心慌意乱了，城里的生活看似便利，可买个馒头都需要钱，不像农村，种什么吃什么。照此下去，存折上有限的数字光取不存，总有一天得花完。

老方还算清醒得快，赶紧结束游手好闲、浑浑噩噩的日子。他更不敢走大陶的路子。大陶因赌博输了不少钱，听别人说，大陶的补偿款已经被他输得所剩无几。10年时间如白驹过隙，老方身边已经出现了好几个大陶式的人物，有的连家庭都解体了，飘飘然的暴富心态的确害人不浅。

想当年，老方是村里出了名的种庄稼的好把式，然而找工作时，老方傻眼了，他没学历、没技能，年龄也不占优势。所幸，庄户人家并不缺力气。

老方说过，他不懂投资，也不会靠钱生钱，只能集腋成裘，存折上新增的每个数字都来自栉风沐雨的劳作。不过，老方的理财方式得先有硬件——好身体。坦白说，我不忍心多看老方一眼，52岁的老方，不知要卖苦力到何时……

“这世上将马厩改造成车库的人多如牛毛，而将车库改造成马厩的，恐怕只有我一个。”这是《了不起的盖茨比》中汤姆·布坎农的一句话。如果让老方做出此番话的壮举，他能否愿意？如今，城里人喜欢去乡村欣赏鸡鸣犬吠的农家乐，喜欢去阡陌纵横的田园采摘天然蔬果，这样的返璞归真与老方从前的庄户生活又是何其相似。

土地是农民的根，只可惜，老方失去了他的根。从此，移根换叶。

走出充满幻觉的世界

文_秋　子

1

有一次，我偷听到我妈跟一个亲戚说："唉，你说我是不是太没用了，自己的丫头都管不了，她以后可怎么办啊，恐怕连吃饭都是问题……"那个亲戚点头附和："是啊，以后恐怕嫁人都难……"

我当时恨不得往那个包子脸的亲戚脸上再贴一磅肥肉。

还有一次，我妈和一群邻居在楼下聊天，我在二楼阳台上哭着大喊："妈，糟糕了，我在阁楼拿书，一本厚书掉下来砸到我爸头上了。你快来看我爸，他都没声音了……"我急得要死，我妈却不慌不忙地跟邻居说："他爹本来脑袋就笨，这一砸，真成傻子了……"

一晃很多年过去了，我没有让我妈如愿，不但自己吃饱了饭，而且找到了对象。可我又偷听到了一次蹊跷的谈话，我妈的牌友问："你闺女一个月挣多少钱啊？"我妈说了一个数，我顿时心里拔凉拔凉的，心想我再也不要见她的这些牌友了，他们肯定会像看乞丐那样看我。我妈为啥要这样低调呢？

明明上个月我还把自己的工资单给她看了……

后来我才知道，即使那时候我赚的钱够养活自己了，我妈还是担心我有一天会失业，会无法适应社会。她觉得有公司要我，那是我走了狗屎运，或者说，她已经做好了有一天我会因为没饭吃回来找她的思想准备。因此，她不能在那些牌友面前夸下海口，她做人很低调的。

我妈只是一个上过几天夜校、连小学都没毕业的农村妇女，她凭什么这样低估我和我爸？我好歹也是重点大学毕业，我爸从事教书育人的职业，写得一手好字，拉得一手好琴，凭啥被我妈瞧不起？

2

我爸年轻时在乡村小学当老师，那时候，老师们跟农民伯伯没什么两样，一下课就挽起裤腿下田。农忙时节，学校都要放假，因为老师们都忙农活儿去了。不过，我爸这个农民有点儿不一样，他下课会拉二胡，从不辱骂学生，他的工资被会计克扣了都不好意思去理论。他会在冬天的清晨，一个人去开满苜蓿花的田里；他会深夜伏在油灯下写日记、练书法。他藏了很多书在床底下，但后来还是被我妈当废品卖了。他最讨厌的事是我妈逼着他去给校长、局长送礼。

现在看来，我爸完全是一个文艺青年啊，但是在村里人看来，他完全不合时宜。村里人经过我家田地时老是笑话他："草都长成那样了，他还站在那里发呆，这不是神经病吗？"

但你要是以为我爸只是一个书呆子，那就错了。我爸尝试过可以在那个小村庄里进行的各种创业方式，比如开小商店、养鱼、种果树、开作坊，他还引进过村里从来没有人种过的新型谷物和蔬菜。反正他就是敢想敢做，从不踏踏实实地当一名农民。

我爸干的最浪漫的一件事是承包了一个外地人遗弃的桃树林。那种桃树在冬天开花，冬天结果，然后，小小的果实在冬天从树上掉下来……反正种了三年，除了见过桃花满园的繁盛，我连一个桃子都没吃到过。他做事有点儿虎头蛇尾、异想天开，他干的事情要是失败了，他自己也不着急，但是家里人得跟着他收拾烂摊子；要是成功了，他也不将利益放在心上，马上将致富之道跟周围的人分享。只有当我妈说家里没钱给我们交学费了，他才会叹一口气，但是他并不认为这是天大的事情。所以，我妈一直觉得他的脑子有问题。

在我妈眼里，我也是个“奇葩”。初中时，有一次我把卷子拿回家，我妈一看，没考第一，就问我是怎么回事。我说我每门功课都是第一，但老师和同学不相信。班长去老师那里告状，说我作为学习委员，去办公室送作业本时偷看了卷子，老师就把我的分数减了一些。我妈问我到底偷看没有，我说没有，但同学们都这么说，我就承认了。我妈气昏了，要去找班主任闹，我说吵架累死人了。从此，我妈就和别人一样用不可思议的目光看我，并把我归入我爸那一类人。我妈说得最多的一句话是：“你们父女一个样！”

3

大学毕业参加工作以后，我发现我妈的担心开始应验了。我确实不太适应社会，我融入不了集体，只有和我朝夕相处的朋友才会和我特别铁。我总是逃避和同事、领导打交道，每天出门上班对我来说是一种折磨。我每个月的工资要么花光，要么被朋友借光。工作了好几年，我还是“裸奔”。

再后来我结了婚，有了孩子。

我的生活更自我了，工作出三分力，孩子也只管三分，其他

100

的时间都做自己的“无用”之事，不管外面的世界如何变化，也不管其他人都在做什么，今天吃饱了就不操心明天。而这时候，我周围的朋友都在经营他们的人生，他们沿着台阶一步步往上走，无论这种人生有多少负面的部分，至少他们都在认真努力地生活着，而我飘飘荡荡，似乎什么都没有。

现在，又有好几年过去了，我转入了一个与文艺完全不沾边的行业。我尝试各种与商业有关的行为，我利用一切机会赚钱，我与很多人打交道，然后在回到自己的世界时，马上切断与这些的联系。

我并不是在否定我之前务虚的人生，相反，正是对那些年不问世事的生活有了充分的肯定，才使得我今天有勇气选择一种截然不同的生活。我知道自己在做什么，知道自己需要什么。我觉得，我们活在这个世界上，风花雪月并不是真正的风花雪月，美好也并不一定是真正的美好，它们只有在对比时才能显出价值，它们只有和人联系起来才有真正的生命力。而人生的每一种滋味、每一段里程，都需要亲自去感受和经历，每一种责任都需要自己去扛起。逃得了一时，逃不了一世，最终都要面对。

4

在我过了30岁以后，我经常审视父亲的人生，我发现自己越来越像他，我的人生轨迹似乎会不可避免地与他的重合。而我已经失去了对他晚年生活的评判权：他忘了儿女，忘了他曾经看过的书、练过的书法、拉过的二胡。

他每天关注的只有两件事：股票和彩票。他总是幻想着中大奖，或者股市暴涨，他甚至可以不吃饭、不睡觉。虽然他从来没中过奖，炒股也一直在亏，但他还是像从前做许多事时一样执着，好像从不在乎结果。

直到30岁以后，我才发现，父亲和我一样，有一个属于他自己的世界。在这个世界里，他可以为自己编织各种各样的幻觉，这些幻觉本身是美丽的，但也是有毒的。

父亲没有那么强大，他所做的一切特立独行的事仍然是需要社会认可的。他无法不在乎那些围观者的目光，他晚年最大的心病恐怕仍然是自己不够成功。

而我并不敢保证我会比父亲更强大，我也并不自信我能比他做得更好，但我不愿意背负同样的阴影。我要打破这个充满幻觉的世界，我要走出来。我是从对父亲的否定中学会了对他的肯定，但我要做一个不一样的人，要过另一种生活。我要看看真实的世界到底是什么样子，我要结果，我要成功，我要跨越这一切，然后再去毁掉它。我要看看，我到底要走过哪些路，才能在最后，踏上回家之旅。

老林的故事

文_严小沐

1

20年前，老林还是小林。

那时他20岁，写诗。那时候诗人还是受人爱戴的，诗歌也充满雅趣。更何况，除了写诗，小林还擅长考试。17岁当别人正千辛万苦闯独木桥时，他已经大学毕业。

每天的日子，简直是这世上最好的日子。

而我认识老林的时候，他都快40了，还在写诗，也写童话，在哥伦比亚大学攻读儿童文学的博士学位。活得飞扬逍遥，是个与众不同的胖子。

那会儿他是我的一个作者。我每天困在帝都的格子间，囿于斗室，自然更像装在套子里的人。对他自然也毕恭毕敬，林先生，林老师，再到老林。

他一点也不恼，天性里仿佛厌恶这些尊卑，表现方式多样。比如他来社里谈新书，总爱带巧克力给大家，以彰显他童话诗人的浪漫；他认识你，开始有点害羞，后来信手拈来写个童话，你便成了这文中的一棵小植物、一只小动物、一丛小花草，有趣得很；他所有的故事发生在一个叫兰阳的地方，那里有个叫小豆豆的爱说浑话、古灵精怪的小姑娘，一只猪因为爱来爱去飞上了天。

后来他在家乡临沂捐赠了一个特别的博物馆，成了世界之最。这世上唯一的爱情邮票博物馆，很难想象出自老林之手。至少老林看上去，手大脚大，鼻圆如蒜，只是眼里灼灼闪着光，亮得很。

每个人心里都有一团火，路过的人只看到烟。

谁又不是呢？第一次见到老林，他自然是带了巧克力的。背着极普通的黑色双肩包，鸭舌帽一摘，呵，大冬天头皮剃得溜圆！站在那儿，笑眯眯的，像胖企鹅。

老林活得诗意生猛，是个有故事的人。

2

至于老林有怎样的故事，那是我后来知道的。

一天，老林又来聊自己的新书。我笑："老林，你这么浪漫，媳妇肯定幸福得很！"老林在那头，半晌没回，"我一个人……"

老林不到18岁毕业留京，被分到一家赫赫有名的报纸当记者。虽不是高富帅，可写得一手好诗，工作体面，引得无数姑娘竞折腰。柳绿花红，莺莺燕燕。那个姑娘也是慕名来的。

信是混着大量粉红色信封一起来的，并不特殊。拆来一看，大意也是赞其文笔，愿做笔友常联络云云。老林自然没有放在心上。

可时间一久，姑娘便显得与众不同。信越来越勤，一笔一笔刻在老林心里……最后的一封信更是热烈，字字含情。

才子多情，老林自然招架不住。

又过几月，两人第二次见面，当下缔结终身之约。

"我第一次见人家姑娘就怂了，真美，比我还高。我算老几？！"

原来姑娘是当年对外经贸大学的校花，刚刚毕业，准备去加拿大深造。第一次见面后，老林冷静想了很久，觉得高攀不起，遂有放弃之心。可之后几个月，两人彼此又来信无数，探讨诗歌、人生、梦想，情投意合。

爱情这个东西啊，信它的人，早晚会看见。

两人很快闪婚，甚至在婚前两人连手都没有拉过一次。之后老林才知道，伊竟是一外交官的宝贝闺女。这才是田螺姑娘的可爱低调。

婚后，田螺姑娘继续出国求学，老林很快辞退报社的工作，义无反顾跟到加拿大。

才子佳人，倦鸟归林。

移居加国的生活自然更似人间天堂，田螺姑娘还是那个美貌的田螺姑娘。老林重学语言，开始找工作，后来开了一家饺子馆。老林自己和面、擀皮儿、调馅儿，喜迎四方客。饺子个儿大鲜美，很快在当地的华人圈小有口碑。

第二年，老林的女儿出生。生活简直不能更完美。

那时候，老林活在云端。

3

“那些年真好啊……我大概一次把好运气都用光了。”

人生真是一出蹩脚的八点肥皂剧。白昼须臾，好日子“啪”地一下，断了线。

2000年一过，老林的日子变得很难熬。田螺姑娘突然查出了重症，老林疯了一样，嚎啕大哭了好多场，抹干眼泪带她跑遍世界求医问药。即便这样用力，也无法对抗生命的残忍跟无常。人终究弱小。

田螺姑娘生命中的最后几年，老林带她回了国，住在海边。

一边治病一边眷念人间烟火。田螺姑娘爱上了一种邮票，一种专门以爱情为主题的邮票。后来那种邮票我从老林那儿见过不少：长腿的火烈鸟立在水中央，细长的脖子缱绻交织；母亲环抱着婴孩，眉眼含笑；小王子在另一颗星球日日夜夜守着他的玫瑰……这大概是田螺姑娘对这人世最后的温柔。

爱情邮票在中国并不多见。那些年的老林连夜坐飞机赶到巴黎或罗马，在大雪中排队买邮票也是常有的事。

钱自然是大把地烧了，可人都没了，还要钱干什么？

田螺姑娘走了，这件事对老林的打击很大。老林陷在这泥淖里，越挣扎越往下陷。或者说他本就不愿爬起来。胡乱混日子，不收拾，不见人，抽烟，酗酒。不仅酒驾，还专门跑到马路上开车逆行，自然被抓进去关了几天。

后来更是一发不可收拾。开始攒安眠药，割腕，方式很残忍，态度也决绝。

“天啊。老林，你是疯了吗？当时你没想想女儿还很小吗？”我在电脑这头，惊得瘫在椅子里。

“顾不上了，什么都顾不上。天下都去他妈的天下吧。我不

1.20元
CHINA
中国邮政

想要了！”

所幸几次都被人及时发现，从鬼门关闯了闯又回来了。

每个人都是一团火，路过的人都只看到烟。老林是一团熊熊大火，它灭不了。

这火救了他。

4

后来的两年，老林躺在床上什么都不干。自我像一个深渊，它如此庞大，纷纷扰扰的俗世生活也不足以填补。生活似乎总是在给予我们某种东西的同时，要拿走你的另一样宝贵的东西。纵使你有千般不舍、万般无奈。

“我整天盯着天花板看，盯着窗户看，我看见阳光透过窗帘照进来，阳光里那些金色舞动的灰尘，特别美。我望着阳光想，一定有另外一个世界吧。我的田螺姑娘在那个世界一定也很美，她一定是Fairy（仙女），有很多人爱她。是她带我开始爱上童话的。”

开始写童话的时候老林很忧伤，但越写越高兴，他说自己真正到了一个很美又神性的世界。他梦到自己飞起来了，动物、植物所有的一切都是会说话的。一个人无法改变死亡，但总要面对生活。于是，他用“梦”和现实的痛苦对抗，他把“梦”中的美好用最原初的、最具爱的语言表达了出来。

除了写童话，老林整理了手头所有的邮票。回到家乡，捐赠了世界上第一座爱情邮票博物馆。几年过去了，这些邮票已经价值上千万。

可老林下馆子还常常是那四两饺子，一瓶小二。惹得我们这群人笑话。

“老林，难怪你童话写得那么好。”

“只要会做梦就会写童话，哈，你肯定也会写，会写得很好。我现在在赤峰，上午我们吃的是蒲公英炖豆腐，你吃过吗？”

“真的？这种东西也能吃？”

“真的啊，昨天上午是白菊花包子，晚上已经定了，是玫瑰黄瓜饺子。”

……

在那以后我很少见到老林。这些年，他走在这世上的风里，雨里，暮色里。

岁月如歌，我们都变成了别的模样，而老林大概从未老去。